JN077007

ストップ大軍拡
憲法を活かし、生活をまもる
〜アメリカのいいなりにならない外交・政治を〜

目　次

序　なぜ「憲法・くらし・安保」総学習運動か

●総合的に学ぶことの重要性

　労働者教育協会（労教協）は、2022年6月の第62回総会で、「改憲阻止に寄与する総学習運動」の積極的展開を運動の第一の基調に据えることを確認しました。総学習運動とは、「憲法・くらし・安保」を結びつけ、総合的に情勢を学ぶという意味と、講座などを軸に『学習の友』、地域労働学校、勤労者通信大学などを関連づけて総合的に学習教育運動を推進するという2つの意味があります。

　労教協と学習教育運動は、1952年の労教協創立以来、日米安保体制下の軍事大国化に反対するたたかいに大きく貢献してきました。それは、1960年の安保改定に反対するたたかいのなかでの学習サークルの組織化、1970年安保を前にした「安保条約をなくし、沖縄をとりもどす全国100万人総学習運動」の推進、2004年の「憲法学習」の提起、2008年の「なくそう貧困、まもろう憲法、やめよう安保」の総学習運動の提起、そして、戦後最大の9条改憲の危険性を前にして、今回の「憲法・くらし・安保」総学習運動の提起などに示されています。

　今回の総学習運動の一環として2022年10月から2023年3月にかけて、全6回のオンライン講座（『学習の友』連載講座と連動）をおこない成功させました。この6回の講座を軸に、その他必要と思われる諸論考を収録して、今回の刊行にいたりました。その意味で、本書は、いまおこなわれようとしている大軍拡と生活破壊、そして9条改憲に反対する総学習運動の学習テキストといえます。

●アメリカの中国敵視政策に従属した大軍拡

　2022年12月16日、「安保3文書」（「国家安全保障戦略」「国家防衛戦略」「防衛力整備計画」）が国会で審議もされずに閣議決定されました。この「安保3文書」の最大の問題は、「台湾有事」を想定して「敵基地攻撃能力」（反撃能力と言い換えている）の保有とそのための軍事力の増大（大軍拡）です。台湾で米中の衝突があれば、それは「日本有事」でもあるとみなし、2015年の安保法制にもとづく集団的自衛権の行使と

して中国への先制攻撃をおこなうというものです。これまでの「専守防衛」からの防衛政策の大転換がおこなわれようとしています。

　この大転換にともない、日本の防衛費＝軍事費が大増額され、5年間で43兆円の軍事費が予定されています。NATO（北大西洋条約機構）基準の導入によって、GDP（国内総生産）比2％にしようというのです。この結果、日本は、アメリカ、中国につづく世界第3位の軍事大国になります。日本の政治、社会のあり方が軍事優先に根本から変わろうとしています。

　こうした防衛政策の転換の背後に、アメリカの世界戦略の大きな転換がありました。冷戦終結以降、アメリカは「対ならず者国家」戦略をとっていましたが、2010年代から中国への対決姿勢を鮮明にします。中国の急速な経済的成長と軍事力の膨張、国際社会での影響力の拡大に危機感を強くもつようになります。2014年の「4年ごとの国防方針見直し」で中国への対決方針を打ちだし、アジア回帰と中国に対する軍事的包囲を開始します。具体的には、2018年にトランプ政権が承認した「インド太平洋における米国の戦略的枠組み」のなかで、インド太平洋地域でのアメリカの目標は、中国の新たな「勢力圏を確立するのを防」ぐことであり、中国との正面からの対決を打ちだしました。そして、中国の台湾への武力行使による統一強要の危険性を指摘し、米中間の武力衝突も想定しています。その場合、重視されるのがフィリピンから台湾、沖縄をはじめ日本の南西諸島などの「第1列島線」です。この「第1列島線」が主戦場と位置づけられ、中国の「侵攻」をくいとめる阻止ラインとされています。この構想では、「第1列島線」に沿う沖縄をはじめ日本の南西諸島が主な戦場とされ、自衛隊の参戦が大前提になっています（坂本雅子「米国の対中国・軍事・経済戦の最前線に立つ日本」『経済』2022年6月号）。

　重要なことは、こうしたアメリカの世界戦略の転換のなかで、日米同盟の新たな段階が訪れていることです。2021年4月におこなわれた菅首相（当時）とバイデン米大統領の首脳会談後に発表された共同声明で「台湾海峡の平和と安全の重要性」が強調されます。共同声明で「台湾」が明記されるのは52年ぶりのことです。これは、台湾有事のさいに、集団的自衛権を行使して、自衛隊が参戦することの約束だったのです。

そのために、2022年5月23日のバイデン米大統領と岸田首相の首脳会談で「日本の防衛力を抜本的に強化し、その裏づけとなる防衛費の相当な増額を確保する」ことが約束されました。その具体化として2022年12月に「安保3文書」が閣議決定され、国会での審議より前にアメリカに報告されたのです。それが2023年1月の訪米と日米首脳会談（1月13日）でした。発表された共同声明には「日本の反撃能力及びその他の能力の開発及び効果的な運用についての協力の強化」が明記されています。アメリカの「アジア・インド太平洋戦略」に組み込まれ、アメリカの指揮のもとで、アメリカと融合し、集団的自衛権の行使として「敵基地」を先制的に攻撃するというのです。

　アメリカの世界戦略にしたがい、アメリカの中国敵視政策に同調するなかで、改憲派の悲願である軍事大国化が急がれています。この道は、日本経済のみとおしがないなかで、大軍拡の財源をめぐって国民のくらしの破壊を不可避とします。あらためて、大軍拡と改憲、くらしの破壊のおおもとに日米同盟＝日米安保があるといわざるを得なくなっています。

●「市民と野党の共闘」の再構築をめざして

　いま、衆議院でも参議院でも、国会発議に必要な3分の2の議席を改憲派が占めています。改憲派は国会における憲法調査会の審議を急ぎ、発議にむけての準備を強めています。また、世論の動向をみると、ウクライナ危機のなかで、「力」にたいしては「力」が必要という「抑止力」論の影響を受けて、ある程度の軍拡はやむを得ないという雰囲気がひろがっています。岸田内閣は、このなかで、アメリカの要請にしたがい、「敵基地攻撃」の必要性を積極的に主張し、そのために、5年間で43億円の大軍拡を強行しようとしています。安倍内閣でもいえなかったこと、できなかったことをやろうとしています。そしてこのことを既成事実として、自分の手で改憲を成し遂げようとしているのです。その意味で、戦後の歴史で、最大の岐路に立たされており、憲法のこれまでにない危機が訪れています。

　こうした事態にどう対応したらよいのでしょうか。私たちには2015年の安保関連法の歴史的なたたかいの経験という財産があります。"民主

主義とは何だ"という若者たちの提起に応え、すべての護憲勢力が統一し、市民と立憲野党の国民的共同が実現しました。この国民的共同がその後の「市民と野党の共闘」を可能にし、当時の安倍内閣の改憲への企みに大きな制約を与えてきました。いまさまざまな分断攻撃と逆流によって、「共闘」が後退し、停滞していますが、この「市民と野党の共闘」の再構築が大軍拡と改憲の攻撃を打ち破るために必要になっています。そのためにも、大軍拡と生活破壊、改憲の動きを止めさせる国民的大闘争がもとめられています。

●職場・地域からの「対話と学習」を

　こうした国民的大闘争は可能でしょうか。可能です。国民のなかで、この途方もない大軍拡の実態と危険性があきらかになるなかで、不安と批判が強まりはじめています。戦争の悲惨さへの危惧は世代を超えて存在しています。

　いま大事なことは、職場・地域からの「対話と学習」です。冷静に、事実にもとづく対話によって、事態を根本から変えていくことが可能です。

　最初にのべたように、労教協と学習教育運動は、「憲法・くらし・安保」総学習運動の推進によって、全国各地の職場、地域で無数の「対話と学習」の場を組織し、これからの国民的たたかいの発展に貢献したいと考えています。この学習テキストが多くのみなさんに熟読され、「対話と学習」の組織化に役立つことを願っています。

　　2023年5月　　　　　　　　労働者教育協会会長　山田敬男

本書は、2022年10月から2023年3月に開催した「憲法・くらし・安保」総学習オンライン講座と連動した『学習の友』連載講座を軸に構成しています。出版にあたり加筆・修正し、さらにいくつかの新稿を加えました。初出は以下のとおりです。

　　第1章　『学習の友』2022年10月号
　　第2章　『学習の友』2022年11月号
　　第3章　『学習の友』2022年12月号
　　第4章　『学習の友』2023年1月号
　　第5章　書き下ろし
　　第6章　『学習の友』2023年2月号
　　第7章　『学習の友』2022年11月号（原題「ロシアの戦争、憲法9条、労働運動」を加筆修正）
　　第8章　書き下ろし
　　第9章　『学習の友』2023年3月号

I

戦後最大の
憲法危機
と日米同盟

第1章

改憲のねらいと危険性
──いま何が問題か

渡辺 治

はじめに──岸田政権下で加速する改憲策動

　岸田政権になって改憲、9条改変が加速しています。2022年7月10日におこなわれた参院選で自民党は議席を伸ばし、改憲4党が参議院でも3分の2を上回る議席を獲得したため、岸田政権は改憲実行のスピードを上げようとしています。国葬、統一協会で出鼻をくじかれましたが、とにかくほとぼりをさまして、安保3文書を閣議決定し、「敵基地攻撃能力」保有を柱とする大軍拡予算をとおし、並行して憲法審査会で改憲案集約を図ろうというのが岸田の戦略です。憲法をめぐる戦後最大の危機がやってきたといっても過言ではありません。

1　岸田改憲の歴史的位置──改憲第3の波

　しかし、改憲や9条の破壊は、岸田首相がいいだしっぺではありません。この策動は、2012年末に誕生した第2次安倍政権以来10年におよぶ改憲策動の大きな波の最新局面にあたります。

●50年代改憲策動と挫折

　実は戦後日本国憲法が制定されて以降、アメリカの強い圧力のもと保守党、自民党政権は何度か、改憲の策動を強めたことがあります。1度目は、1950年代。このときの改憲は、アメリカがもとめる9条改悪による「国防軍」保持にとどまらず、「象徴」天皇の「元首」化はじめ、日本国憲法を全面的に否定し、明治憲法の体制への復古をねらったものでした。しかし、こうした改憲の動きにたいし、憲法の平和と民主主義を壊してはならないという労働者や市民の運動が安保闘争で高揚し、改憲策動はあえなく挫折を余儀なくされ、自民党政権はその後30年以上、改憲を口にすることはできなくなりました。

　それどころか、改憲を阻止した労働組合、社会党や共産党の手で自衛隊は違憲だという追及がなされ、自衛隊違憲裁判も起こされたため、政府は自衛隊が9条の禁止する「戦力」＝軍隊ではないという弁明に追われるようになりました。こうした運動に押され、"自衛隊は違憲だ"という追及を逃れるため、政府の手で、9条にもとづき自衛隊の活動に重要な制約がかけられたのです。その制約のうち最も大きいのは、自衛隊は侵略されたら反撃するが先制攻撃はしない、外国に攻め入る海外派兵はしない、また日本が武力攻撃を受けていないのにアメリカの戦争に加担して武力行使する「集団的自衛権」の行使はしないというものです。

　これら制約が後々、ずっと自衛隊の活動を制約し、それを打破するために改憲策動が起こることになります。

●90年代改憲──アメリカの圧力

　2度目の改憲の波は、1990年代に入り、今度もアメリカの圧力ではじまりました。冷戦が終焉し、ソ連・東欧が崩壊、中国が市場経済化することで、大企業が思うままに活動できる「自由」市場が大拡大します。アメリカは「自由」市場に歯向かう国を「ならず者国家」として攻撃する「世界の警察官」戦略をとり、日本にも「自由」市場維持のための戦争に自衛隊派兵を強くもとめるようになったのです。アメリカの強い圧力を受けて、小泉政権は、自衛隊をインド洋海域ついでイラクに派兵し、9条に大きな穴が開きましたが、それでも「集団的自衛権行使」はできないという制約があったため、イラクに派兵された自衛隊は米英などの

多国籍軍とちがい、戦闘行為ができませんでした。9条の明文改憲の策動も、九条の会などの運動の高揚により挫折。新自由主義改革の矛盾の爆発で民主党政権ができたため、この第2の波も終焉します。

2　戦後最大の改憲策動

　2度の挫折を経て、"今度こそ改憲を"という3度目の波が、第2次安倍政権からはじまったのです。

●安倍元首相の執念
　安倍首相は、自衛隊を縛っている憲法上の制約を打破して、今度こそ、アメリカの戦争に全面的に加担する体制をつくることをめざしました。安倍政権は、2014年、40年以上にわたり堅持された、集団的自衛権行使は禁止という解釈を改変して、集団的自衛権行使容認に踏み切り、翌2015年安保法制を強行採決してこれを法定化したのです。9条に大きな穴が開きました。しかし、そうなると、9条がやはり邪魔です。そこで、安倍は、自衛隊は9条に違反しないと憲法に明記することによって、9条の縛りをなくそうとはかったのです。これが2017年5月3日の安倍改憲提言でした。2018年、この改憲提言を受けて自民党は「改憲4項目」を決定します。

　しかし安倍政権の勢いもここまででした。安保法制に反対して、「市民と野党の共闘」が結成され、この共闘は、安倍改憲の動きに「安倍九条改憲NO！　全国市民アクション」を結成して3000万署名をはじめ発議阻止の行動にたちあがります。これに励まされて立憲野党も憲法審査会でがんばった結果、安倍政権は任期中の改憲という公約を実行できなくなり、コロナ対策に失敗して退陣を余儀なくされます。

●アメリカの世界戦略の転換と日米軍事同盟の侵略的強化
　しかし菅（すが）政権に代わっても改憲の波は収まらないどころか、いっそう大波となりました。アメリカの世界戦略が大きく転換したからです。
　冷戦終焉後アメリカは、「自由」市場秩序の覇権維持のため、ならず者国家、テロとの戦争に明け暮れましたが、その間に、ほかならぬ市場

経済化により急速な経済発展を遂げ軍事力を拡充した中国が、アメリカに対抗する覇権主義的動きを強め、その周りにアメリカと対立するイランやロシアが結集するという事態が生まれます。こうした中国の覇権主義的拡大に、自己の覇権が脅かされる危機感を強めたアメリカは、世界戦略を対ならず者国家戦争から対中国覇権主義競争・軍事対決戦略へと転換したのです。その転換をおこなったのがトランプ政権でしたが、後を継いだバイデン政権は、その戦略を継承したばかりか、トランプ政権の「弱点」を克服して、中国との対決を、NATOや日本との軍事同盟網の拡大でおこなう方針をとりました。日米軍事同盟は、中国包囲網の要の位置を占めることになり、安倍政権のときに容認に踏み切った集団的自衛権は、いっそう、その危険性を増したのです。

●2021年日米共同声明

　2021年4月、バイデン・菅会談のあとに発表された日米共同声明は、こうした日米軍事同盟の新段階とそのもとでの日本の約束を謳った「画期的な」声明となりました。声明でアメリカが最も欲しかったのは、「日米両国は台湾海峡の平和と安定の重要性を強調」するという文言でした。これは、台湾有事において米軍が介入するさい、日本も集団的自衛権を行使してアメリカの戦争に加担することを約束したものでした。しかし、そのためには自衛隊の装備を攻撃的なものに拡充する必要があります。声明は、それをはたすための攻撃的「防衛力の強化」も明記しました。その中心が、「敵基地攻撃能力」だったのです。

●「敵基地攻撃能力」保有

　実はこの「敵基地攻撃能力」保有論も、2020年6月、通常国会の会期末に当時の安倍首相が突然いいだし、それを菅政権が受け継いだものです。この一見唐突な発言の裏にはアメリカのトランプ政権の戦略転換と日本にたいする強い要請があったのです。
　「敵基地攻撃」論とはもともと朝鮮からのミサイル攻撃を念頭に議論をされたもので、政府は「ミサイル攻撃がおこなわれることが確実で他に手段がない場合には敵基地を叩くことは憲法9条に違反しない」と答弁しましたが、同時に、9条が台無しにならないよう、それを口実にし

て「平生から他国を攻撃するような」攻撃用兵器をもつことはできないという重大な制約も確認してきました。安倍元首相はその制約の打破をねらったのです。台湾有事のさいに米軍とともに戦争するための攻撃的な戦力保有というねらいがあったのです。

　しかし、その保有をめざした菅政権もアメリカとの約束をはたす間もなく、退陣を余儀なくされました。

3　岸田政権による改憲、軍拡の加速化
──「安保３文書」、大軍拡予算、明文改憲

　岸田政権は、こうした安倍・菅政権の改憲、９条破壊政策を受け継ぎつつ、両政権が実現できなかった２つの宿題、しかもいまや日米戦争体制づくりの焦眉の課題となった明文改憲と攻撃的兵器の保有をはじめとした大軍拡の実現を託されて登場した政権でした。

●衆院選後、改憲、９条破壊の加速化

　しかし、岸田政権の前には、２つの難関が控えていました。１つは衆院選です。岸田は、2021年10月31日の総選挙で、自公政治打破をめざす「市民と野党の共闘」の挑戦を退けて自公政権を維持したにとどまらず、自公だけでは達成できなかったものの、維新の会、国民民主党もふくめた改憲４党で改憲発議に必要な３分の２を超える議席を獲得したのです。

　岸田政権は衆院選後、一気に改憲、９条破壊の加速化に乗りだしました。改憲に有利な国会をめぐる政党配置が生まれたこともありますが、バイデン政権の圧力が強化されたことが大きな要因でした。

●改憲加速の「好機」となったウクライナ侵略

　2022年２月24日にはじまったロシアによるウクライナ侵略は、そんな岸田政権にとって軍拡・改憲の加速化を促す、またとない事件となりました。ウクライナの危機は「欧州にとどまらない」「中国がいつ攻めてくるかわからない」という口実のもと、自民党、改憲勢力は、軍拡・改憲の大キャンペーンをはり、その策動が加速することになりました。

●自民党安保調査会の「提言」

　手はじめは、４月26日にだされた自民党安保調査会の「新たな国家安全保障戦略の策定に向けた提言」です。

　その中身の１つは、敵基地攻撃能力を「反撃能力」という言葉に置き換えて保有することが書かれたことです。「反撃能力」ということで、従来政府が公言してきた「専守防衛」、すなわち敵から攻撃を受けたことにたいしてのみ自衛隊が反撃するという路線を変更していないと強弁するためですが、実際には「専守防衛」ともまったく異なるものに変質しています。政府は、「攻撃」には発射がなくても、その「着手」、つまりミサイル発射の動きが人工衛星などによって確認されるような場合もふくまれるといっており、これは、明らかに「先制攻撃」だからです。

　しかも重大なことは、この攻撃は、自衛隊が単独でおこなうのではなく、台湾有事のさいに米軍の介入に呼応して集団的自衛権を行使し米軍との共同作戦の一環としておこなうことが想定されていることです。政府がいう「反撃能力」とは、日本が攻撃されていなくともアメリカに従って「敵」を攻撃するための攻撃的武力のことなのです。

　軍事費の対GDP（国内総生産）比２％も謳われました。これまた40年以上にわたり防衛費の事実上の制約となってきたGDP比１％枠を一気に２％へ、つまり倍増することをめざすもので、これまた政府のいう「専守防衛」をすら真っ向から否定する企てです。

　政府は、これら措置を正当化するために、安保３文書の改定にのりだしたのです。

●参院選での改憲４党による３分の２確保

　しかし岸田政権にはもう１つハードルが残っていました。2022年７月10日の参議院選挙です。岸田自民党は、参議院選挙に２つのねらいを込めて臨みました。

　１つはウクライナ危機を前面に立てることによって、自衛隊の「敵基地攻撃能力」の保有、GDP比２％という大軍拡の合意をとるというねらいです。このとてつもない大軍拡を５年でやるとなると、毎年１兆円ずつの大規模な防衛費の増額をつづけなければなりません。こうした大軍拡予算は2023年の通常国会において、当然難航が予想される課題とな

りますから、参議院選挙で合意をとった体裁をつくりたいというのがねらいでした。2番目は、改憲発議に必要な3分の2の議席を参議院でも確保するというねらいです。

　結果は、立憲民主党が共闘に消極的な態度をとり、それまで2回の選挙では野党統一が実現していた32の1人区で共闘が一部に限定され、共闘体制もきわめて不備であったことなどから、立憲民主党は得票を大きく減らしました（**資料**）。自民が議席を伸ばし、改憲4党が参院でも3分の2を超える議席を得たのにたいし、立憲4党は改憲阻止のための3分の1の議席確保ができませんでした。

●「安保3文書」の危険なねらい

　そこで、岸田政権が強行したのが、2022年12月16日、「国家安全保障戦略」「国家防衛戦略」「防衛力整備計画」からなる安保3文書の閣議決定です。3文書には3つのねらいがありました。1つは、いうまでもなく、「敵基地攻撃能力保有」を明記し、同意をとることです。そのため、3文書では「反撃能力」保持の正当性を強調し、相手国を攻撃するための長距離ミサイルの保有、当面アメリカが湾岸戦争、イラク侵攻その他に使用したトマホークの購入も謳いました。さらに敵基地攻撃の前提となる、相手国の軍事動向を常時監視する人工衛星群、大量の長距離ミサイルを保管する弾薬庫の全国130ヵ所への建設、スタンド・オフ・ミサイル部隊の創設にも踏み込みました。

　2つ目のねらいは、こうした憲法じゅうりんの攻撃力を保有するための大軍拡の正当化です。「敵基地攻撃能力保有」だけでも5年で5兆円、さらに、宇宙での軍拡、サイバー攻撃対処、電磁波攻撃でそれぞれ1兆円、沖縄・先島諸島などでの基地整備・要塞化、軍事研究予算の拡充など、とんでもない大軍拡を実行するための、5年で43兆円、対GDP比2％への防衛費増額が明記されたのです。

　3つ目のねらいは、こうした大軍拡を賄うための、国民負担と大増税を明記して合意をとりつけることです。国民の懸念から目をそらせるため、3文書では「増税」をできる限り小さくみせようとしていますが、代わる手段として打ちだされている「歳出改革」なるものも、社会保障費など国民生活に直結する支出の削減にほかなりません。

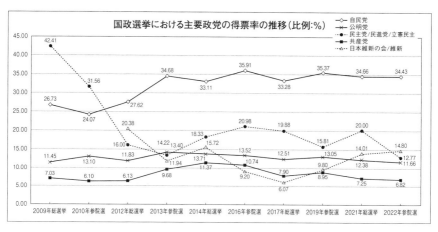

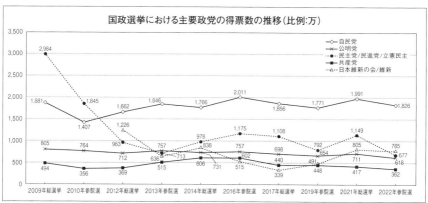

備考：本資料の作成にあたっては、三重短期大学准教授の川上哲氏のお世話になった。

　しかも、政府はこれら3文書と大軍拡予算を議論する国会がはじまる前の2023年1月11日と13日に、日米安保協議委員会と日米首脳会談をたてつづけに開催、アメリカに報告におよび、その「大絶賛」を受けています。

　これら措置が、これまで政府がとってきた9条解釈をも真っ向からふみ破る違憲の行動であることは明らかです。そのため、岸田政権は、大軍拡と並んで、9条そのものを改変する明文改憲をもすすめようとしています。

【9条】

（第9条　日本国民は、正義と秩序を基調とする国際平和を誠実に希求し、国権の発動たる戦争と武力による威嚇又は武力の行使は、国際紛争を解決する手段としては永久にこれを放棄する。

2　前項の目的を達するため、陸海空軍その他の戦力は、これを保持しない。国の交戦権は、これを認めない。）

9条の2　<u>前条の規定は</u>、我が国の平和と独立を守り、国及び国民の安全を保つために必要な<u>自衛の措置をとることを妨げず</u>、そのための実力組織として、法律の定めるところにより、内閣の首長たる内閣総理大臣を最高の指揮監督者とする<u>自衛隊を保持する</u>。

（2）自衛隊の行動は、法律の定めるところにより、国会の承認その他の統制に服する。

【緊急事態条項】

64条の2　大地震その他の異常かつ大規模な災害により、衆議院議員の総選挙又（また）は参議院議員の通常選挙の適正な実施が困難であると認めるときは、国会は、法律で定めるところにより、各議院の出席議員の三分の二以上の多数で、その任期の特例を定めることができる。

73条の2　<u>大地震その他の異常かつ大規模な災害により、国会による法律の制定を待ついとまがないと認める特別の事情があるときは、内閣は、法律で定めるところにより、</u>国民の生命、身体及び財産を保護するため、政令を制定することができる。

（2）内閣は、前項の政令を制定したときは、法律で定めるところにより、速やかに国会の承認を求めなければならない。

●岸田明文改憲は何をねらっているのか？

　こうして、岸田政権は、改憲と軍拡の実現に政権の命運をかけて邁進しようとしていますが、ここで岸田がねらっている明文改憲の危険性をあらためておさらいしておきましょう。

　注目すべきは、自民党の改憲4項目ですが、とりわけ危険なのが、9条への自衛隊明記条項と、緊急事態条項です（**資料**）。

　まず、自衛隊明記条項からみましょう。自民党案は、国民の反発を和らげるため、9条1項、2項を残したうえで、9条の2として、「前条の規定は、我が国の平和と独立を守り、国及び国民の安全を保つために必要な自衛の措置をとることを妨げず、そのための実力組織として……自衛隊を保持する」という条項を設けるという改正案です。これは、9条の規定のもとでも「自衛隊」はもてると明文で入れることにより、自衛隊が、台湾有事などのさいに集団的自衛権を行使して戦争しても合憲

だということを正当化しようというねらいをもっています。自民党は、"これは国民のためにがんばっている自衛隊が違憲だなどといわれないように自衛隊の合憲性を確認するだけの現状維持的規定だ"と強調していますが、とんでもない。戦争する軍隊となった自衛隊をも合憲だといいくるめる危険な改憲です。しかも、憲法のなかに「自衛隊」という軍事力が明記されますから、自衛隊基地建設のための土地の収用や徴兵制、徴用、軍法会議の設置なども憲法解釈上は可能となります。

　また緊急事態条項のなかには、有事のさい──「大地震その他の異常かつ大規模な災害」のときとごまかしていますが、「その他」とあるように改憲案が想定しているのは「台湾有事」のような戦時です──に、政府が国会での審議なく「政令」で国民の自由を制限したり戦争に動員できるようにする緊急政令の規定がふくまれており、これも、自衛隊明記論とセットで戦争体制をつくるためには不可欠の改憲案です。岸田政権は、軍拡とともに、こうした改憲を強行しようとしているのです。

4　改憲、大軍拡をめぐる矛盾

　しかし、岸田政権の改憲、軍拡は、大きな矛盾も抱えており、私たちの運動によって、この策動を阻むことはできます。

●国民は改憲、軍拡に同意していない
　まず、国民は改憲や軍拡に同意していません。たしかに、ウクライナ侵略を機として、国民のなかに、「中国に攻められたら」という不安から、改憲賛成が増えています。しかし、同時に同じ調査で、9条改憲について聞くと、反対が多数になる点に注目しなければなりません。この結果は、あれだけマスコミのキャンペーンがつづいたにもかかわらず依然国民のなかに軍事大国や軍拡への懸念が持続していることを示しています。長年にわたり私たちが運動で訴えてきた、「9条にもとづく平和」という意識が国民の間で根強い力をもっていることを示しています。

●改憲案の中身では一致していない
　また、改憲4党間では、改憲についての一致はみていますが、肝心の

改憲の中身についてはけっして一致していない点も注目されます。本命の、9条への自衛隊明記については、自民と維新の会が一致しているだけで、公明党はなんとか改憲原案をまとめるべく策動していますが、依然消極的です。市民の間で、改憲についての反対の声が大きくなれば、改憲勢力内でも国民意識を顧慮してさまざまな分岐が避けられません。

5　9条は無力か

　では、こうした大軍拡、改憲に私たちはいかにたちむかったらよいのでしょうか。

　最も強調したいことは、岸田の改憲策動にたいし、「軍事同盟と軍拡では平和はまもれない」こと、ウクライナの教訓とはけっして軍事力強化の必要性ではなく、軍事対軍事では戦争を防げないことが明らかになったことだということを正面から訴えることが必要だという点です。

　戦後78年、日本は、アメリカの圧力のもと、憲法を真っ向から蹂躙する安保条約を締結し米軍基地を置きベトナム戦争をはじめとするアメリカの侵略戦争の拠点の役割をはたしてきました。また、自民党政権のもと自衛隊の増強がくり返され、いまでは世界有数の軍事大国となっています。しかし、国民の声と運動のがんばりによって度重なる改憲の企みを阻み、「戦争しない国」をかろうじて維持してきました。

　自民党は、戦後日本が戦争にかかわらなかったのは憲法の力ではなく、安保条約にもとづいて米軍が駐留し自衛隊ががんばってくれたおかげだといいますが、それはまちがいです。

　アメリカとの軍事同盟と米軍基地をもち、自分たちの国の軍隊をもっているアジアの国ぐにのなかで、日本以外の国はすべて戦争を経験しています。日本が安保条約と自衛隊がありながら、78年の間、侵略戦争に加担せず、侵略もされなかった理由は、戦後の日本が戦争に巻き込まれる2つの事態——アメリカのおこなう戦争に集団的自衛権で加担させられる事態と日本が抱えている領土紛争が軍事紛争になる事態——のいずれにも9条と運動の力で、自衛隊の武力行使や戦争加担を許さなかったことです。ベトナム戦争では、アメリカの圧力で韓国もフィリピンもベトナムに派兵しましたが、日本は5万の派兵要請を拒否しました。湾岸

戦争でもアフガニスタン侵攻でもイラク戦争においても自衛隊の派兵を
もとめられ、ついにアフガニスタン戦争とイラク戦争の場合には、海外
に派兵するところまでいきましたが、それでも、集団的自衛権行使がで
きないので、自衛隊はかろうじて武力行使をしないで帰ってきたのです。

　また、戦後日本も、北方領土、竹島、尖閣諸島という領土問題を抱え
ていますが、領土紛争で日本は1度も戦争・軍事衝突を起こしませんで
した。9条で自衛隊は先制攻撃できなかったからです。また、自民党政
権のもとでも、9条を念頭においた外交によって紛争を軍事力で解決し
ないという努力がおこなわれたことも要因の1つでした。

　9条は、けっして無力ではありません。

● **「万一」は防ぐことができる**

　「万一中国が攻めてきたら」という声がありますが、9条により「万
一」を防ぐことは可能です。

　「万一」日本が戦争に巻き込まれる危険は2つしかありません。1つ
は、先にのべたように、台湾有事にさいし日本が集団的自衛権を行使し
てアメリカの戦争に加担する場合、もう1つは尖閣の紛争が武力衝突に
発展する場合です。

　前者については、まさにそうした方向を加速する岸田政権の大軍拡と
改憲を阻止すること、そして集団的自衛権行使を容認した安保法制を廃
止することで防ぐことができます。日本は、台湾有事にさいしても集団
的自衛権行使をしないと明言したうえで、台湾問題や尖閣をふくむ地域
の紛争を武力によらず平和的に解決する合意をとり結ぶ外交のイニシア
ティブをとることがもとめられます。

　後者については、紛争を武力によらず解決することを約束してきた
「日中共同声明」「日中平和友好条約」を日中両国があらためて確認し、そ
れを両国をふくむ東北アジア諸国の合意に拡大することが必要です。

　「9条による平和」を正面から訴えることができるかどうかが鍵です。

小括──改憲阻止の市民の大運動を

　私たちは運動によって、いままで70年以上にわたり改憲の策動を阻止してきました。その結果、何とか「戦争しない国」を維持してきました。このことに確信をもって、大軍拡と大増税、改憲を阻止する市民の大行動を起こしましょう。

第2章

ウクライナ危機の教訓と課題

川田忠明

ロシアのウクライナ侵略が1年を超えてつづいています。ウクライナ国内に甚大な被害をもたらすとともに、エネルギーや食糧のひっ迫、それに伴う物価高など、世界中の人びとを苦しめています。

2023年1月24日、アメリカの原子科学雑誌『ブレティン・オブ・ジ・アトミックサイエンティスツ』は、人類滅亡を午前零時にたとえた「終末時計」の針をすすめ、残り90秒としました。これは、かつてアメリカとソ連が核軍拡を競いあった時代よりも短い、史上最悪の「残り時間」です。これを発表した科学者たちは、気候危機やパンデミックととともに、ロシアのプーチン政権が核兵器の威嚇をおこなっていることをその理由にあげました。

プーチン大統領は2023年2月22日の演説で、ロシアの「核抑止力」＝核戦力について「91％以上が最新の兵器だ」とのべるとともに、核兵器を制限することをとりきめたアメリカとの「条約（新START）の履行を停止した」と表明しました。プーチン大統領はかつて、核戦争になっても「我々は殉教者として天国に行くが、敵はくたばるだけだ」（2018年10月18日）と豪語しました。プーチン氏と思想的つながりが指摘される極右の思想家アレクサンドル・ドゥーギン氏は、この戦争は「勝利す

るか、人類滅亡になるかの2択だ」と断言しています（TBS『報道1930』2023年2月12日）。

　自国の犠牲も、世界の破滅も厭わない政権を、軍事力で「抑止」することはできません。この危機を一刻もはやく終わらせるには、何が必要なのでしょうか。

1　ウクライナ危機解決への課題

　戦争を止めさせるうえで何よりも重要なことは、国連憲章をまもる国際社会の結束です。

　「国連は無力だ」という人もいるかもしれません。しかし、国連総会でロシアの撤退をもとめる決議がくりかえし圧倒的多数の国の賛成で採択されていることは、けっして無意味ではありません。

　ロシアの侵略がはじまったとき「国連は死んだ」と演説したウクライナのセルギー・キスリツァ国連大使は、その後、「国連はまだ生きている」として、こう語っています。「各地域の代表が出席し、世界中にその会合の様子が流れる安保理に代わるプラットフォームはない。（中略）国連がなくなれば、悪の目的に資することになる」（『朝日新聞』2022年5月6日）。侵略1年を前に採択され国連決議については「世界の結束を示す良い機会だ。道義的に正しい側にいるという感覚は機関銃よりも強い」（『東京新聞』2023年2月21日）とのべました。一時は無力感をいだいた彼が、ここまで変化したのは、国連の活動をつうじて、その存在意義を認識したからにほかなりません。

2　ロシアの世論にとっても

　国際社会が一致して「ロシアは侵略やめよ」「国連憲章まもれ」と声をあげつづけることが、政治的にロシアの世論と政権にも大きな影響を与えます。

　昨年末のロシアの世論調査では、プーチン政権の宣伝もあり、今回の戦争の責任はアメリカにあると答える人が60％を超え、ウクライナとする人は17％にとどまっています（NHK、2023年1月27日）。つまり、ロ

シアへの制裁も非難も、西側諸国によるものだというわけです。これでは「欧米から祖国をまもる」ためにたたかう「プーチン大統領はがんばれ」となりかねません。それだけに重要なことは、「ロシア対アメリカ」ではなく、国連憲章違反者とそれを非難する国際社会、という構図が目にみえることです。

　前述の国連総会決議（2月23日採択）は、141ヵ国の圧倒的多数の賛成で採択されました。国連加盟国の73％を超える圧倒的多数です。しかし、その一方で、35ヵ国が棄権しました。そこには中国、インドといった大国もふくまれます。この2ヵ国だけで、世界の人口の約4割（37％）を占めます。これらの国もふくめた結束が必要です。経済制裁も、欧米諸国や日本などだけでおこなわれ、これに反対する国もあります。しかし、世界が一致して行動すれば、ロシアの国際的な孤立ははっきりし、国内世論にも影響を与えるはずです。

3　バイデン米政権の世界戦略

　ところがこうした国際的な結束にとって有害な役割をはたしているのが、アメリカのバイデン政権です。同政権は、今日の事態を「民主主義対専制主義」の対決だといい、国際舞台からロシアを排除しようとしています。もちろん、専制主義には反対です。しかし、いま問われているのは、国連憲章をまもるのかどうかです。

　アメリカはこれまで、ウクライナをEU（欧州連合）やNATO（北大西洋条約機構）にとり込むために干渉的な行動をおこなってきました。日本などの同盟国を動員しながら、世界的な覇権を維持・強化することもねらっています。NATOもロシアの意見を無視した行動をとってきました。これは批判されるべきことですが、だからといって、ロシアのウクライナへの侵略、領土の併合を正当化することはできません。これは次元の異なる無法行為です。

　「侵略やめろ」「国連憲章まもれ」の声をあげることは、ロシアを「パッシング」することでも、アメリカを免罪することでもありません。アメリカ・NATOの責任をロシアと同じように論じることは、この団結をつくるうえで有害だということを指摘しておきたいと思います。

4 世界の結束をめざす国際社会の努力

　国際社会では、ロシアにたいする態度にちがいはあっても、法と正義、非核と平和で一致しようとする努力がおこなわれています。

　核兵器禁止条約の第1回締約国会議（2022年6月21〜23日）には81ヵ国が参加しましたが（締約国48、オブザーバー33）、そのなかには、ロシアを名指しで非難することに反対する国もありました。それだけに、難しい交渉が粘り強くおこなわれたようですが、満場一致で採択された「ウィーン宣言」は、次のようにのべました。「明示的でも暗示的でも、また状況にかかわらず、あらゆる核兵器の威嚇を非難する」。暗示的に核威嚇をおこなっているのは、プーチン政権にほかなりません。「威嚇」の範囲が、条約に明記された「使用するとの威嚇」よりも拡大されました。こうした努力をつうじて、ロシアが核威嚇をする今日の状況に応える立場を、全員一致で確認したのです。

　もう1つは、2022年11月にインドネシアでひらかれたG20（主要20ヵ国首脳会議）です。この会議にはロシアもオンラインで参加し、首脳宣言が採択されました。宣言は「ウクライナでの戦争についてほとんどの国が強く非難した」とのべる一方、「他の見解や異なる評価があった」と両論併記のようなかたちをとりました。こうして、ロシアも包摂するかたちで、文書が採択されたことは重要です。

　これらは、国際社会の団結、結束をめざすたいへん重要な動きだと思います。

5 もとめられる外交の強化

　ウクライナにどれだけ戦車を供与するのか、軍事支援をどれだけ増やすのか、といったことばかりが、商業メディアで報じられています。しかし、世界は軍事一辺倒ではありません。外交を強めて、なんとか打開策を見出そうという動きがおきています。

　中満泉・国連軍縮担当上級代表（事務次長）は安全保障理事会の会合で、こう訴えました。「現在の軍事の理論優先がつづく限り、交渉によ

る紛争解決の可能性は低い。（中略）国連憲章の原則に沿ってウクライナの主権と領土保全を尊重する平和解決を」（2023年２月８日）。「軍事の理論」ばかりが優先される現状の危うさに、警鐘をならしたかたちです。

　激しい戦闘がおこなわれているもとで、外交や対話が成り立つのかと思う方もいるかもしれません。それについて、ウクライナ出身で英王立国際問題研究所のオリシア・ルツェビッチ特別研究員が、侵略がはじまる直前に次のように語っています。「現場で撃ち合いが起きていても、その背後には外交の世界が控えている。（中略）外交の場で解決策を探る営みは、軍事面でのエスカレートを抑える」（『朝日新聞』デジタル、2022年２月16日）。戦闘のエスカレートを抑えるうえでも、外交を模索することが重要だという指摘です。

　ロシアがウクライナ東部４州を併合したことを非難する国連決議（2022年10月12日、賛成143ヵ国）は、ロシア軍の即時完全撤退、ウクライナ主権擁護と領土保全とともに、「政治的対話、交渉、調停およびその他の平和的手段による平和的解決」を要求しました。さらに、2023年２月23日に採択された決議は、「国際連合憲章の原則に従ったウクライナの包括的、公正かつ永続的な平和をできるだけはやく達成する必要性」を強調するとともに、「加盟国および国際機関にたいし、（上記を達成するための）外交努力への支援を倍加するよう要請」しました。国際政治の場でも、外交をもとめる声が強まりつつあります。

６　日本にとっての３つの教訓

　ウクライナ危機の出口はまだみえませんが、この戦争から、日本の私たちが引きだすべき教訓は何かを考えたいと思います。

●教訓１：戦争をおこしてはならない

　ウクライナにおける戦争の被害は甚大です。それをみて、私たちが肝に銘じなければならない教訓の第１は、日本やその周辺で戦争をけっして起こしてはならないということです。

　日本はウクライナとちがい、海に囲まれています。陸路で逃げること

はできないし、支援も簡単には入ってきません。食糧やエネルギーの大半を海外に依存しているので、戦争が起きれば、くらしも経済もたちゆかなくなってしまいます。しかも、戦争では原発が標的となることもあきらかになりました。日本では10基の原発が稼働中で、岸田政権は、再稼働と新設という原発推進にかじをきろうとしています。万一、これらが攻撃されれば、わが国は壊滅です。このように「有事」になれば、ウクライナ以上に深刻な事態になります。日本やその周辺で武力紛争、戦争を起こさせない――これこそ「政府の行為によつて再び戦争の惨禍が起ることのないやうにすることを決意」（日本国憲法、前文）したわが国の最優先課題です。

●教訓２：対立を戦争にさせない努力

　２つ目の教訓は、対立を戦争にさせない努力が大事だということです。なぜなら、戦争はいきなりはじまらないからです。

　ソ連崩壊後、ウクライナは西欧とも、ロシアともそれなりの関係をもってきました。ところが2004年に、EUへの加盟をめざす政権が誕生したことで、それに反対するロシアとの緊張が高まります。その後、親ロ政権が復活するなど、一進一退がありましたが、2014年にロシアの圧力でEUとの協定を拒否した政権が、市民の反政府行動などによる混乱のなかで倒れます。ロシアはこれをクーデターだと主張し、親ロシア派を支持・支援します。一方、アメリカも資金提供などで、親西欧勢力に肩入れしてきました。東部では、ロシアの後ろ盾を得た勢力と政府軍との戦争（「ドンバス戦争」）が勃発し、ロシアはクリミアを併合します。何度か和平交渉がおこなわれましたが、合意が実行されずに武力衝突がつづいてきました。

　このように2023年２月24日のロシアの侵略は突然起きたのではなく、両国の20年近い緊張関係があります。いいかえれば、戦争になる前に手を打つ時間がありました。結果的には、そのための外交が成功しなかったのです。ウクライナ危機は、戦争になる前に、それをくい止める外交に知恵と力を注ぐことがいかに重要かを示しています。

　ところが岸田政権は、憲法違反の「敵基地攻撃能力」の保有と、そのための大軍拡をすすめようとしています。「国民をまもる」というのな

ら、戦争の準備ではなく、平和と安全の強化に力を注ぐべきです。

●教訓３：「抑止力」や軍事同盟で平和はまもれない

　３つめの教訓は、軍事力を大きくすれば、相手は恐れて攻めてこないという、「抑止」政策は成り立たないということです。

　ロシアにたいしてアメリカとヨーロッパの軍事同盟であるNATOの「抑止力」強化をはかろうとする動きもあります。しかし、この間の経過は、軍事ブロックでは、平和はまもれないことを示しています。

　ロシアは昔から現在のようにNATOと対立していたわけではありません。1991年にソ連が崩壊し、NATOと対立したワルシャワ条約機構（WTO）が解散します。1997年にはNATOとロシアの首脳会談で「互いを敵とみなさず」と宣言しました。1999年にポーランド、ハンガリー、チェコというWTOの元メンバーがNATOに加盟しました。ロシアは反対しましたが、軍事侵攻のような強硬手段にはでませんでした。2002年には「NATOロシア理事会」という組織がつくられ、当時のメディアはこれを「ロシアのNATOへの準加盟」だとのべました。2004年には旧ソ連の一部であったバルト３国（エストニア、ラトビア、リトアニア）、ルーマニア、ブルガリアがNATOに加盟し、2010年のNATOの基本文書＝「戦略概念」は、ロシアは「パートナー」だとのべていました。

　このように両者は、歩みよった時期もありましたが、ロシアはNATOの東方への拡大を深刻な脅威と感じるようになっていきました。結局、自分たちの外に敵をもつ軍事同盟では、安定した関係はつくれません。2022年の新「戦略概念」（６月29日）は、ロシアを「最大かつ直接の脅威」とみなし、軍事的態勢を強化することをきめました。軍事力や軍事同盟では、安定した平和を維持できないというのが教訓です。

7　9条が生きるアジア

　岸田文雄首相は「ウクライナは明日の東アジアかもしれない」（所信表明演説）などと危機をあおります。しかし、強調したいことは、「明日のアジア」にはまったくちがう展望があるということです。アジアには、特定の国を排除した軍事ブロックはありません。あるのは、東南ア

米国を中心とするおもな軍事同盟

条約名	調印・発効	調印国	動き
米州相互援助条約 （リオ条約）	1947年・48年	米国と中南米22カ国	2002年9月、メキシコが正式脱退通告、04年9月脱退。
北大西洋条約機構 （NATO）	1949年・49年	米・カナダと欧州24カ国	イラク戦争で分裂。独首相が「NATOは戦略を協議、調整するための主要な場所ではなくなった」と指摘。
日米安保条約 旧日米安保条約	1960年・60年 1951年・52年	日・米	地球規模に拡大強化
ANZUS条約	1951年・52年	米・豪・ニュージーランド	1986年以降、機能停止
米・フィリピン 相互防衛条約	1951年・52年	米・フィリピン	1992年に米軍基地を全面撤去
米・韓相互防衛 援助条約	1953年・54年	米・韓	米駐留兵力を08年までに2万5千に縮小し基地面積を3分の1にすることで合意。09年6月、オバマ大統領と李明博大統領は同盟関係の強化を約束。
東南アジア条約機構 （SEATO）	1954年・55年	オーストラリア、ニュージーランド、フィリピン、タイ、英国、米国	1977年に解体
中央条約機構 （CENTO）	1955年・55年	・イギリス、イラン、イラク、トルコ、パキスタン（イラクは1959年に脱退）。 ・米国は58年からオブザーバー参加し、実質的に機構を主導。	1979年に解体

（出所）『前衛』2005年12月号の資料をもとに一部補正。

★現在、実際に機能している、米国を中心とする軍事同盟は、北大西洋条約機構（NATO）、日米、米韓、米豪、米比で、参加国は32ヵ国、国連加盟国の16％にすぎない。

★フィリピンは相互防衛条約を維持し、1998年に米軍の一時駐留を認める協定を結ぶなど、アメリカとの軍事協力もすすめている。その一方で、憲法で規定された「独立した外交政策」をすすめ、軍事一辺倒ではない安全保障政策をとる（拙稿「フィリピンの南シナ海における対中政策」『前衛』2023年4月号）。

ジア諸国連合（ASEAN）を中心にした東アジアサミットなどの外交や経済の枠組みです。その土台は、武力の不行使や紛争の平和解決などを定めた東南アジア友好協力条約（TAC）です。米中ロをふくめ約70ヵ国が参加しています。

　かつてアジアは、朝鮮戦争（1950〜53年休戦）、ベトナム戦争（1964〜75年）、さらには国境紛争や内戦などもあり、世界で最も戦争が起きそうな地域とみられていました。しかし、中国の力による現状変更で緊張が高まる南シナ海でも、一触即発の危険なできごともありますが、1988年の中越海戦以降は、正規軍がぶつかる戦闘は起きていません。

　アジアには南シナ海以外にも、台湾をめぐる米中の緊張、北朝鮮の核ミサイル開発など、紛争の火種があります。しかし、この地域には、紛争を外交で解決するしくみも、長年の経験もあります。「武力による威嚇又は武力の行使は、国際紛争を解決する手段としては、永久にこれを放棄」した憲法第9条にもとづく外交が生きる条件がある——これがヨーロッパとの大きなちがいです。

第3章

日米同盟は抑止力か
——日本の平和を根本から脅かすもの

林竜二郎

1　安保法制の発動準備

　ロシアによるウクライナ侵略をテコにして、「抑止力」の名のもとに、自民党や維新の会などから改憲や大軍拡、アメリカとの「核共有」などが声高に叫ばれています。

　しかし「抑止力」論とは、相手にまさる軍事力の保有により脅しをかけて、相手の攻撃を抑止するというもので、この行く末は、際限のない軍拡競争、もしくは偶発的な衝突や戦争勃発というもので、明るい未来はありません。

　また、「抑止力」論は、核兵器にたいして核兵器で対抗することで相手の使用を抑え込むという「核抑止」論に行き着きます。ロシアのプーチン大統領はウクライナ侵略をすすめるなかで、「自国が攻撃されたら核兵器でこたえる」「通常兵器による攻撃にたいしても『核の先制使用』を辞さない」と表明しており、「核抑止」論の破綻はあらわになっています。

　そもそも日本国憲法第9条では「武力による威嚇又は武力の行使は、

国際紛争を解決する手段としては、永久にこれを放棄する」とあり、軍事力で脅しつけるという「抑止力」論は、憲法に真っ向から反するのではないでしょうか？

　にもかかわらず、岸田内閣は2022年12月16日、新「安保3文書」（「国家安全保障戦略」「国家防衛戦略」「防衛力整備計画」）を閣議決定し、先制攻撃にもつながる「反撃能力（敵基地攻撃能力）」保有や5年間で43兆円もの税金を軍事につぎ込むことを宣言しました。これらの動きのねらいは、憲法第9条の明文改憲にむけて「実践面で」憲法の平和原則を突き崩すことであり、安保法制の発動準備であり、日本全体を軍事優先の「戦争国家」に転換していくことにあります。そして、この一連のねらいは、日米同盟を深化・強化のなかですすめられています。

2　日本を戦場にする岸田大軍拡

　「3文書」にもとづき岸田政権は、長射程ミサイルや無人攻撃機などの「敵基地攻撃能力」を今後大量に導入しようとしています。長射程ミサイルについては、国産ミサイルを開発・研究するとともに、外国製ミサイルの導入を計画していますが、国産ミサイルの開発・運用が10年近くはかかる計画のため、政府は2023年度予算で射程1600kmの米国製トマホークを400発購入し、配備をすすめていこうとしています。

　しかし、憲法第9条で「戦力不保持」とされた自衛隊がトマホークなどの攻撃兵器を大量に保有して、いいのでしょうか。歴代政府の「専守防衛」の立場は投げ捨てられ、従来の憲法解釈を前提にした自衛隊の「合憲」性も崩壊する事態です。

3　「先制攻撃」につながる敵基地攻撃

　長射程ミサイル（スタンド・オフ・ミサイル）の大量導入とともに、そのミサイルの運用部隊の増強も行われています。沖縄・南西諸島ではすでに宮古島と奄美大島、石垣島にミサイル部隊が置かれ、2023年度には沖縄本島にある勝連駐屯地（うるま市）、さらには今後、日本最西端の国境の島・与那国島へのミサイル部隊配備にむけた準備もすすめられて

います。

　これらの部隊が長射程ミサイルなどの「敵基地攻撃能力」を使って、どのような「活躍」をするのでしょうか。政府は敵基地攻撃について、相手が攻撃に「着手」したさいにおこなえるといいますが、恣意的な判断で「着手」を認め、実際は国連憲章違反の「先制攻撃」になりえるものです。

　さらにいえば、「先制攻撃」は米軍にたいする攻撃をきっかけでおこなわれることも想定されます。2015年に強行採決された安保法制により、日本が武力攻撃を受けていなくても、自衛隊が集団的自衛権を発動し、武力行使できるとなりました。つまり、日本が攻撃を受けていなくても、米軍に対する攻撃が発生すれば、自衛隊が集団的自衛権の行使という「反撃」を相手国に加えるということです。日本がアメリカの戦争に巻き込まれていくというだけでなく、相手国からすれば日本が先制攻撃をおこなうということです。とんでもない事態です。

4　戦場を呼び込む「敵基地攻撃能力」保有

　「3文書」では、長射程ミサイルの大量保有やミサイル部隊の増強と合わせて、弾薬庫の増設や自衛隊基地の「強靭化」を計画しています。長射程ミサイルなどの「爆買い」により、現在の全国約1400棟の弾薬庫ではまかないきれないため、防衛省は2035年までに、約130棟の大型弾薬庫を新設することを計画しています。小池晃参議院議員は2023年3月2日、参議院予算委員会でこの計画をとりあげ、弾薬庫が新設される大分分屯地の周辺には大学や住宅地域もあると指摘。ロシアのウクライナ侵略でも火薬庫が攻撃目標になったことをあげ、大型火薬庫が全国で拡大することで、「市街地のそばが真っ先に攻撃対象とされるのではないか」と迫りました。

　まさに危険を呼び込むのが「敵基地攻撃能力」の保有ということです。それは、自衛隊基地の「強靭化」計画からも明らかです。政府は、全国約300の自衛隊基地を化学、生物、核兵器などの攻撃に耐えるよう地下化などで「強靱化」するとしています。つまり政府自身が、日本全国が攻撃対象となり「戦場化」することを想定しているのです。

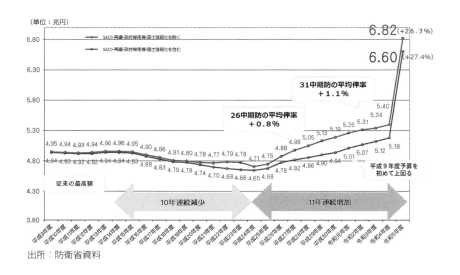

図1　防衛関係費（当初予算）の推移

出所：防衛省資料

5　国民負担増で世界３位の「軍事大国」に

　「３文書」では、５年後の2027年度には防衛予算に計上されていない海上保安庁の予算などをふくめてGDP（国内総生産）比２％（約11兆円）まで防衛費を増額するといいます。その規模は５年間で43兆円、直近の５年間（2018〜2022年度）の1.6倍にもなり、１年間でみれば2022年度の防衛費が5.4兆円なので２倍の規模になります。防衛費は、過去10年連続で増額し続け、毎年のように過去最高額を更新してきましたが、「３文書」による増額はこれまでにないような断トツのものとなっています（**図１**）。これにより、軍事費世界ランキングにおいて、現在９位の日本は、アメリカ、中国に次ぐ世界３位にランクインすることになります。

　43兆円を国民負担で捻出することも大問題です。政府の計画では、現行水準（５年間で約26兆円）と比べて不足する約17兆円について、①歳出改革で３兆円強、②決算剰余金つまり年度中に使わなかった予算の活

用で３兆5000億円程度、③「防衛力強化資金」で４兆6000億〜５兆円強、
④税制措置つまり増税で賄うとしています。物価高騰や高齢者の医療費
２倍化など国民生活が苦しいなかでおこなうべきは、軍事費を削ってく
らしや福祉にまわすことです。

　岸田首相は2023年１月からはじまった通常国会の答弁で、「数字あり
きという指摘は当たらない。１年以上にわたって議論を積み重ね、現実
的なシミュレーションをおこなって、必要とされる防衛力の内容を積み
上げ、規模を導きだした」と強弁し、いい逃れをはかろうとしています。
しかし、日を追うごとに、「防衛費の増額」への反対の声は高まり、「防
衛費増額のための増税」については「３文書」発表当初から６〜７割以
上の反対など強い世論が示されています。

　また、防衛予算増額に賛成の立場からも岸田大軍拡に疑問の声があが
っています。元海上自衛艦隊司令官の香田洋二氏は『朝日新聞』2022年
12月23日付のインタビューで、５年間で43兆円もの軍事費をつぎ込むこ
とについて、「身の丈を超えていると思えてなりません。反撃能力（敵
基地攻撃能力）の確保にむけた12式ミサイル（地対艦誘導弾）の改良、
マッハ５以上で飛ぶ極音速ミサイルの開発・量産、次期戦闘機の開発、
サイバー部隊２万人、多数の小型人工衛星で情報を集める衛星コンステ
レーションなど、子どもの思いつきかと疑うほどあれもこれもとなって
います。全部本当にできるのか、やっていいことなのか、その検討結果
が見えず、国民への説明も不充分です。絵に描いた餅にならないか心配
です」などとのべています。

　これらの大軍拡の一連の動きは、これまで米軍は「矛」で自衛隊は
「盾」としてきた「抑止力と対処力」を、日米一体で「矛」となり「敵
基地攻撃能力」を強化していくというもので、日米同盟の深化のなかで
行われている産物です。果たして、これで日本の平和と安全は実現する
のでしょうか。

6　日米同盟は侵略力

　日米同盟とは、1951年９月８日に署名された日米安保条約を法的基盤
とした日本とアメリカの軍事同盟のことです。その本質・役割は、占領

期と同じように米軍の駐留と特権を保障し、アメリカの世界戦略に役立つ日本をつくっていくためのものです。これにより、日本は米軍にとって使い勝手のいい訓練と出撃の拠点として「活用」されてきました。また、アメリカの意向で自衛隊が1954年につくられ、それ以降、自衛隊はアメリカの戦争に加担できる軍隊として変貌を遂げていきました。

●米軍基地は出撃基地

　日米安保体制の当初、あたかもソ連の脅威から日本をまもるかのような「抑止力」として在日米軍基地が日本全土に張り巡らされていくのですが、旧安保条約では「日本国内及びその附近に（米軍を）配備する権利を、日本国は、許与」（第1条）するとあるだけで、アメリカの「日本防衛」義務は明確に除外されていました。ロイヤル米陸軍長官は「アメリカの対日戦略」と題する講演（1948年）で、「新たな全体主義的戦争の脅威に対する障害物の役割」を日本にはたさせるとのべ、実際にアメリカは日本をソ連・共産主義に対抗するための「とりで」とするために、日本中に米軍基地を張り巡らせたのです。

　また米軍は、アメリカが世界中で引き起こす戦争に日本から出撃をくり返していきました。朝鮮戦争では、米軍は国連軍として朝鮮半島に出撃していきました。その後のベトナム戦争でも米軍機が日本から飛び立ち、在日米軍基地では訓練がおこなわれ、負傷兵や破壊された戦車や装甲車が運び込まれました。

　冷戦後、対決してきたソ連が崩壊し、日米軍事同盟は米軍の全地球的な展開を支えるものとなっていきました。ジョセフ・ナイ米国防次官補のレポート（1995年）では、「日米関係は米国の太平洋における安全保障のみならず、世界戦略目的の土台をなすものである」とのべています。

　1960年に改定された現行の日米安保条約では、「日本国施政下での武力攻撃があった場合に日米両国は対処する」「極東の平和と安全を維持するために米軍基地を日本に置く」とされました。しかし、その実態は改定なしの条文の逸脱がつづきました。米軍関係者は、「日本防衛の第一義的な責任は完全に日本側にある。われわれは地上にも空にも、日本の直接的な非核防衛にかんする部隊はもっていない。いまやそれは、完全に日本の責任である」（1970年、ジョンソン米国務次官）と断言し、

在日米軍基地は「日本防衛」とは関係なく、ひきつづき米軍の自由な出撃基地として「活用」されてきました。

●海外で戦争する自衛隊への変貌

いまの安保条約では「共同作戦条項」（第５条）がつくられ、自衛隊をアメリカの戦争に加担できる軍隊にしていく動きがすすめられてきました。

とりわけ、2000年代に入りはじまったアフガン戦争とイラク戦争は、アメリカと一緒に海外で戦争する自衛隊への突破口をひらく契機となりました。アフガン戦争では、テロ対策特措法のもとでインド洋に浮かぶ米軍艦への自衛艦による給油作戦が強行され、イラク戦争では、「ブーツオンザグラウンド（地上軍を派遣せよ）」というアメリカ政府のもとめに応じて、イラクに陸上自衛隊の派兵が強行されました。また、2010年代には安倍政権のもとで集団的自衛権の行使を認める安保法制の成立が強行され、「後方支援」にとどまっていた自衛隊が前線へと踏み越えていく動きが強化されていきました。「抑止力」は「矛」である米軍頼みでしたが、自衛隊も「矛」となり「抑止力」を担う軍隊として変貌してきているのです。こうして歴史の事実をみると、日米同盟は抑止力どころか侵略力であり、日本と世界の平和をおびやかしてきたのが現実です。

しかし一方で、国民の世論と運動により憲法の縛りがつねにかけられてきました。たとえば、テロ対策特措法の効力は２年間、イラク特措法の場合４年間という時限立法でかつ、自衛隊は「戦闘地域」には行かないし、行けないという制限が課せられました。安保法制による集団的自衛権の行使も、全面的な容認は許しませんでした。

●基地被害がおびやかす命とくらし

日米同盟のもとで日本に張り巡らされた米軍基地は、2022年３月末時点で130（米軍専用76、自衛隊基地の共同使用54）も存在し、５万以上の米兵が駐留しています。米本土以外で陸海空軍と海兵隊の米軍４軍の基地がそろっているのは日本だけで、駐留米兵数は世界トップです。日本はまさに世界一の米軍基地国家であり、そのもとで　米兵による殺人

や強姦、交通事故、環境破壊、米軍機の墜落、部品落下、騒音など、米軍基地があるがゆえの事件・事故がくり返されてきました。

　米軍専用基地面積の7割が集中する沖縄県では、米兵や軍属等による刑法犯件数は日本復帰後だけで6109件（2021年末現在）で、そのうち殺人や強盗、強制性交等などの凶悪犯罪が584件、航空機関連事故は863件（2022年1月末現在）にものぼります。

　また沖縄県名護市で強行されている辺野古新基地建設では、沖縄県の試算で2兆5500億円もの税金が投入され、水深90メートルまで達する軟弱地盤改良工事が強行されようとしています。しかし、これだけの深さの地盤改良工事は前例がなく、技術的に不可能な工事です。同基地建設の強行は、きれいな海を壊すとともに、選挙や県民投票で何度も示された基地NOの民意をふみにじるという民主主義、地方自治破壊の暴挙です。

　この間の新型コロナウイルスの感染拡大のもとでは、米軍の特権を保障する日米地位協定によって、米兵に日本の検疫法が適用されず、PCR検査を受けずに入国し、感染がひろがったことが大問題になりました。

　日米同盟のもとで、命とくらし、権利、自然が奪われてきました。国防どころか、日米同盟こそが国民の安全や安心をおびやかしてきたのです。

7　武力で平和は実現しない

　東南アジアの10ヵ国でつくる東南アジア諸国連合（ASEAN）は、敵国を指定し排除する論理で軍事的に対決するのではなく、包摂の論理で対話の枠組みをつくり発展させてきました（**図2** ＝次頁）。たとえば、世界50ヵ国・機関が加入する東南アジア友好協力条約（TAC）や、27ヵ国・機関の外相会合、高級実務者会合、実務者会合が定期的に開催されているアジア地域フォーラム（ARF）。アメリカや中国、日本をふくむ18ヵ国の首脳が集まる東アジア首脳会議（EAS）です。ASEANはこれらの既存の枠組みを土台に、東アジア版の友好協力条約の実現をいま展望しています。また世界では、2021年に発効した核兵器禁止条約批准もひろがっています。

図２

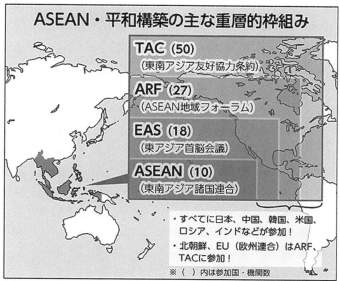

ASEAN・平和構築の主な重層的枠組み

TAC (50)
（東南アジア友好協力条約）

ARF (27)
（ASEAN地域フォーラム）

EAS (18)
（東アジア首脳会議）

ASEAN (10)
（東南アジア諸国連合）

・すべてに日本、中国、韓国、米国、ロシア、インドなどが参加！
・北朝鮮、EU（欧州連合）はARF、TACに参加！
※（　）内は参加国・機関数

出所：『しんぶん赤旗』2023年２月23日付

　武力で平和は実現しません。平和のためには日米軍事同盟の強化ではなく、日米安保条約の廃棄はもちろん、憲法を活かした平和外交の展開のなかで、核兵器禁止条約のすみやかな批准や非軍事の枠組みの強化・発展こそがもとめられています。

日米安保体制＝日米同盟 略年表

	1945 年 「ポツダム宣言」を受諾して降伏　1945.8.15	
↑朝鮮戦争↓	占領期	日本国憲法の制定　1946.11.3 公布、47.5.3 施行
		占領政策の転換　1948～49 年ごろ
		朝鮮戦争勃発　1950.6
		警察予備隊設置 1950.8
	1951 年　旧・日米安保条約　1951.9.8 調印	
	基地提供再軍備の開始	対日講和条約調印・旧安保条約調印 1951.9.8
		両条約発効　1952.4.28。　連合軍の占領終了。
		保安隊発足 1952.10.15
		自衛隊発足 1954.7.1
	1960 年　新・日米安保条約　1960.1.19 調印　6.23 発効	
↑ベトナム戦争↓	日米共同作戦軍拡が義務日米経済協力	安保条約 60.5.19 衆議院強行採決、史上空前の安保闘争
		キューバ危機（1962 年）
		アメリカ、ベトナム戦争に本格介入（1965 年）
		日米沖縄返還協定発効・沖縄施政権返還 1972.5.15
		アメリカ、ベトナム戦争敗北（1975 年）
	1978 年　日米防衛協力のための指針（ガイドライン）1978.11.28	
	日米共同作戦強化防衛範囲の拡大自衛隊の海外派兵	日米首脳会談と共同声明(レーガン・鈴木会談81.5.8)　※同盟関係の明記
		中曽根首相「日米運命共同体」を協調（83.1.18）
		湾岸戦争 1990～91 年
		自衛隊の掃海艇部隊ペルシャ湾派遣(1991.4.26)戦後初の海外派遣
		PKO法成立 1992.6.15
	1996 年　日米安保共同宣言　1996.4.17	
↑イラク戦争↓	周辺安保から世界の中の日米同盟へ	日米防衛協力のための指針見直し（新ガイドライン）1997.9.23
		周辺事態法　1999.5.28
		アメリカ同時多発テロ事件　2001.9.11
		米軍等アフガニスタン攻撃　2001.10.2～
		米軍イラク軍事侵攻 2003.3.20～
	2005 年　日米同盟：未来のための変革と再編　2005.10.29	
	アメリカと「世界における共通の戦略目標」の確認	日米安保協議委員会(2プラス2)で「日米同盟：未来のための変革と再編」合意　※「世界における共通の戦略目標」の確認
		防衛庁から防衛省へ 2007.1.9
		「防衛計画の大綱」2010.12.17　※「基盤的防衛力構想」から「動的防衛の構想」へ
		東日本大震災 2011.3.11
		日米間の「動的防衛協力」を発表 2012.5.1
		防衛計画の大綱、国家安全保障戦略
		集団的自衛権の行使容認、閣議決定　2014.7.1
		日米防衛協力のための指針（ガイドライン）再改定　2015.4.27
		安全保障法制（戦争法）成立　2015.9.19
		南スーダンPKO派遣の自衛隊に「駆けつけ警護」付与を閣議決定　2016.11.15
	2021 年　日米首脳会談（バイデン・菅）「台湾海峡の平和と安全の重要性」強調	
	「対ならず者国家」戦略から中国敵視政策へ	日米首脳会談(バイデン・岸田)防衛力の抜本的強化・防衛費増額を約束 2022.5.23
		「安保3文書」閣議決定　大軍拡へ　2022.12.16
		日米首脳会談(バイデン・岸田)「敵基地攻撃能力」保有へ 2023.1.13

Ⅱ
くらしの危機と日本国憲法

第4章

米国への経済的従属
——くらしの危機と日米同盟

宮﨑礼二

はじめに——歪んだ日米関係

　戦後の日米関係は、アメリカによる対日支配と日本による対米従属の歴史です。「反共の防壁・反共の工場」化の占領政策、1960年発効の「新安保条約」第2条の日米経済協力、1980〜90年代の貿易摩擦における対日要求、それら外圧を口実に政治権力と利権を集中させる保守政治と大企業とが絡み合う「日米運命共同体」＝軍事同盟強化の歴史でもあります。それは、国民生活を犠牲にしながらアメリカと大企業を最優先にする日本の政治と経済に帰結します。

　本稿では、アメリカの対日支配と政財界による積極的な対米従属の歪んだ日米関係を占領政策の転換、食料、新自由主義、そして軍拡の4つの視点から捉え、今日の国民生活の脆弱化の原因の一端を論じます。

1　占領政策の転換：逆コース

　アメリカの占領政策のもとで財閥解体、農地改革、労働改革といった

画期的な戦後改革が実行され、新生日本の誕生を迎えました。しかし、その後のアメリカの「冷戦」政策の開始にともなって、日本は「逆コース」を辿りはじめ、アメリカのアジア政策に政治的にも経済的にも、そして軍事的にもがっちりと組み込まれるようになり、旧財閥系の大企業による産業力の強化と再軍備化が要求されるようになりました。

　戦後初期のアメリカのアジア政策は対中国政策をもっとも重視し、中国の「大国化」による東アジアの安定化をめざしていました。当時の中国では、国民政府と中国共産党との激しい内戦がくりひろげられていました。アメリカは国民政府を支援しつつも、強力な中国政府の樹立のために中国共産党との統一が不可欠と考え、国民政府と中国共産党との協力と連立政府の樹立を働きかけていました。しかし、アメリカによる調停は効を奏することなく、1947年ごろには中国重視の政策見直しが要請されるようになりました。

　ちょうど同じころ、アメリカ国内ではトルーマン民主党政権による日本の急速な民主化路線が日本の容共化をもたらすとして対日占領政策に反対する共和党保守派と財界人が台頭しはじめ、日本の過度経済力集中排除法（財閥解体）の廃止と戦犯復権をアメリカ政府や議会に働きかける圧力団体、アメリカ対日協議会（American Council on Japan：ACJ）が結成されました。ACJの発足以降、日本をアメリカのための「アジアの工場」として復活させて共産主義への防波堤とするための政策転換が急激に進み、アメリカのアジア政策の重点は日本へと移りました。同時に、収監されていた戦犯容疑者の早期釈放が要求されるようになりました。不起訴のまま釈放されたＡ級戦犯容疑者のなかには、後に首相になる岸信介氏、「政財界の黒幕」と呼ばれた児玉誉士夫氏、「テレビ放送の父」「原子力の父」の異名をもち、米中央情報局（CIA）の対日心理戦の協力者の正力松太郎氏ら対米従属の戦後保守政治を表裏で支えてきた面々がいました。アメリカの対日政策はASJの企図した方向に転換し、共産主義の勢力拡大の阻止の目的とアメリカの巨大資本と日本の旧財閥系大企業の利益追求を一体化させながら、戦後日本の民主化・非軍事化に逆行するようになったのです。

2　引き下げられた食料自給率

　日本の食料自給率は、先進国のなかでもとりわけ低く、カロリーベースでわずか38％しかありません。1965年度には73％あった日本のカロリーベースでの総合食料自給率は、1989年に50％を割り、さらに2010年以降は40％を下回ったままです（**図1**）。この低い食料自給率の最大の原因は、戦後のアメリカの農産物輸出政策と貿易自由化にあります。

　アメリカは、第2次世界大戦以前から農産物の輸入制限と価格支持をつうじた農業生産の拡大をすすめ、戦中には連合国の戦争需要を満たすために農産物の大増産を促進していました。戦争終結にともなって連合国の戦争需要は消滅し、アメリカは余剰農産物を抱えざるをえなくなったのです。農産物価格の大暴落による農業恐慌を回避するために、余剰農産物の販売先として海外市場への進出を積極化しました。

　小麦を中心とする余剰農産物の処理に悩むアメリカは、食糧難でそして輸入に必要なドルが不足する日本にたいし、アメリカ政府が農家から買い取った余剰農産物を援助で供与しました。その後の1954年には、本格的なアメリカによる余剰農産物の海外市場の開拓が「農産物貿易促進援助法」（PL480）によってはじまりました。日本は、2250万ドル（81

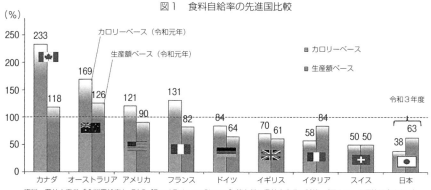

図1　食料自給率の先進国比較

資料：農林水産省「食料需給表」、FAO "Food Balance Sheets" 等を基に農林水産省で試算。（アルコール類等は含まない）
注1：数値は暦年（日本のみ年度）。スイス（カロリーベース）及びイギリス（生産額ベース）については、各政府の公表値を掲載。
注2：畜産物及び加工品については、輸入飼料及び輸入原料を考慮して計算。
出所：農水省（http://www.maff.go.jp/j/zyukyu/zikyu_ritu/013.html）

億円）の小麦（35万トン）、綿花、米、葉タバコなど計1億ドル（360億円）のアメリカ余剰農産物を受け入れました。受け入れた余剰農産物のうち、55億円分が学校給食用の小麦・脱脂粉乳の現物贈与となりました。

　アメリカは、将来にわたって日本をアメリカ産農産物の輸出市場にするために日本人の食生活を米から小麦へと変える宣伝活動を、日本政府とともに活発化しました。たとえば、厚生省所管の日本食生活協会や農林省所管の全国食生活改善協会は、「栄養改善普及運動」や「粉食奨励運動」においてアメリカ産小麦と大豆の粉食の普及を全国で展開しました。1958年には直木賞作家で医学博士の林 髞 氏による『頭脳──才能をひきだす処方箋』（光文社）が出版され、大ベストセラーになりました。同書では、「白米で子供を育てるということは、その子供の頭脳の働きをできなくさせる」というものから「子供の主食だけはパンにした方がよい」との「米食低能論」がくりひろげられました。いずれのキャンペーンも、アメリカからの資金援助で実行されたのです。

　また、学校給食法が施行されたのも、ちょうどPL480と同じ1954年のことです。「米食偏重の傾向を是正する」ことを目的に、学校給食法施行規則は「パン又は米飯（これらに準ずる小麦粉食品、米加工食品その他の食品を含む。）ミルク及びおかずである給食」を完全給食と規定しました。

　この時代に膨張した小麦の輸入規模は、その後の日本の稲作が大豊作期に入っても増え続けることはあっても縮小することはありませんでした。日本の農業と食生活はこの時期を境に大きく転換し、食糧自給率の低下と日本農業の破壊の端緒となったのです。

　1960年には農産物の貿易自由化がはじまり、輸入制限品目は次つぎと減少していきました。とりわけ、1980〜90年代は日米貿易不均衡の是正要求としてアメリカからさらなる自由化が強硬に要求され、また日本は財界の要求で自動車などの工業製品の輸出を有利にするために農産物輸入自由化を推し進めました。その結果、日本の農業は壊滅的な打撃を受け、自給力を低下させつづけてきたのです。

　日本の野菜の自給率は80％あるといわれていますが、野菜の種の9割が海外の採種圃場に生産委託されているため、実際の自給率は8％程度しかありません。また、化学肥料の原料のリンとカリウムは100％、尿

素についても96％が輸入です。世界の食料生産の需要と供給はほぼ均衡状態にあり、異常気象による生産減、感染症パンデミックや戦争による海外からの物流停止などの事態が生じれば、世界的な食料不足の発生は避けられず、自給率の低い日本では飢餓が他人事ではなくなる可能性さえあります。

3　新自由主義

　新自由主義とは、大企業のもうけを拡大するために、あらゆる規制をとり払うこと、公的な活動を民間に委譲してビジネスチャンスにすること、市場競争にすべてを委ねると主張しながら大企業と富裕層は例外的に優遇するという思潮です。

　日本における新自由主義は、1980年代の中曽根政権による電電公社、専売公社、国鉄の３公社の民営化（NTT、JT、JR）にはじまり、1996年に誕生した橋本政権はバブル崩壊後の凋落する財界の意向を受けて、その後の派遣労働の原則自由化につながる雇用政策の大転換に着手しました。2001〜06年の小泉政権による「構造改革」によって全面的に新自由主義が実践されるようになり、その完成が第２次安倍政権によるアベノミクスでめざされ、さらにそれを継承・継続するのが菅・岸田政権なのです。

　歴代の自民党政治による新自由主義への転換の背後には、財界の意向だけではなく、アメリカの対日要求がありました。バブル崩壊後の長期停滞に焦燥感をつのらせた日本の財界は、規制緩和とリストラ・解雇を大規模に実施し大企業の業績を回復させた1980年代のレーガン政権による新自由主義的な改革を羨望し、他方、対日進出を積極化させたいアメリカの財界は、アメリカ国内と同等のビジネス環境をもとめて規制撤廃・緩和を日本に要求しました。日米両財界は日本の新自由主義化において利害を一致させ、アメリカ政府は対日要求を、そして日本政府はアメリカ政府と日本の財界からの要求に応えるべく「構造改革」を推し進めたのです。

　日本の政財界は、長期停滞する日本経済の救世主としてアメリカ的新自由主義を国民に喧伝し、「改革」の名のもと大手を振ってアメリカの

対日要求を積極的に受け入れ、アメリカの新自由主義的政策を後追い模倣しました。それは1990年代後半から顕著になり、日米包括経済協議でのアメリカの要求を具現化する法制化と法「改正」がなされました。たとえば、人材派遣の自由化の要求（1996年）による労働法制「改正」（1999〜2004年）、アメリカの大型小売店の進出を阻んできた大規模小売店舗法の廃止（1997年）による大型店舗の出店の自由を認めた大規模小売店舗立地法の制定（1998年）、企業機構のアメリカ型への統一の要求（2000年）を具体化した商法「改正」（2003年）、アメリカ企業の日本進出促進の環境整備の要求（2000年）に応えた会社法制定（2005年）、アメリカ保険業の日本でのビジネスを狭隘化させていた簡易保険の縮小・廃止と郵政公社の民営化の要求が郵政民営化（2005年）というように、アメリカの要求と日本の法制定・「改正」は一体的なのです。アメリカの要求の実現を自らのビジネス拡大の好機とする日本の財界が、法制定・「改正」のための働きかけを政権与党におこなってきました。「日米利害共同体」のための政治によって、日本は新自由主義に覆いつくされていったのです。

　新自由主義による国民生活の行き着く先は、日本より20年はやく新自由主義化したアメリカで観察することができます。レーガン政権は2度の税制改革において、まず最も富裕なトップ0.1％を次の富裕層のトップ0.9％の水準まで大幅減税し、次にはこのトップ1％全体をさらに減税しました。その結果、新自由主義が本格化する直前の1979年から2007年までの新自由主義が全盛をきわめた28年間の所得五分位階級別の税引き後所得の伸び率では、最も低い第Ⅰ階級では18％、第Ⅱ階級は28％、中間層の第Ⅲ階級は35％、第Ⅳ階級は43％であり、最も高い第Ⅴ階級については下位19％とトップ1％に分けると下位が65％、トップ1％が278％となっています。所得が大きい階級ほど伸び率が大きく、とりわけトップ1％が突出した伸びを示しています。金持ち減税を最優先する新自由主義は、所得格差を政策的に拡大してしまうのです。

4　軍事拡大と国民生活

　中国の軍事拡大、北朝鮮の核開発とミサイル実験、ロシアによるウク

ライナ侵略を奇禍として、アメリカは米軍の指揮下に自衛隊を組み込み、第2次安倍政権が法制化した集団的自衛権による武力行使が現実味を帯びてきました。戦後占領期以来、日本の再軍備化を要求してきたアメリカと、それに乗じて改憲と自衛隊の国軍化を目論んできた自民党の悲願が、岸田政権の大軍拡路線で達成されようとしています。

　アメリカは財政赤字が拡大しはじめた1970年代から海外での軍事展開の費用の肩代わりを同盟国にもとめはじめました。その要望に応えて、日本は在日米軍駐留経費予算（「思いやり予算」）をふくむ在日米軍関係経費において年8000億円もの肩代わりをおこなってきました。「思いやり予算」は2021年に「同盟強靭化予算」と名称が変更され、米軍と自衛隊との共同訓練や在日米軍基地の攻撃に耐える基地機能を維持する「抗たん性強化」などへと支出が拡大されました（**図2**）。

　とりわけコロナ対策への巨額の財政支援で財政赤字の拡大したアメリカは、中国を軍事的に抑止するための軍事拡大を単独でおこなうことが困難な状況にあり、日本にいっそう大きな肩代わりを要求するようになっています。その要求に沿って、岸田政権は「敵基地攻撃能力」の保有をめざした攻撃兵器の装備にひた走っているのです。

　2023年度から5年間で軍事費を総額43兆円増額するとしています。無謀な軍拡は、軍事衝突が起こらなくても、財政面から日本経済を破壊し、国民生活を危機に陥れてしまいます。

図2　防衛関係予算（当初）

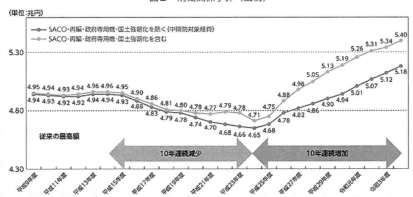

出所：『令和4年度防衛白書』

　日本の現在の財政状況において、軍拡のための費用をどこから捻出するのでしょうか。2022年度の日本政府の歳入の約35％が国債によって賄われています。歳出では借金の利払いが約８％、元本返済が約15％で、計23％が借金返済で占められています。借金で借金を返済しながら、さらに借金を増やしながら財政運営をしている状況です。このような財政状況において、さらに軍事費を捻出するとなれば、おのずと手段は限られてきます。増税、軍事費以外の歳出削減、あるいはさらなる国債発行しかありません。

　新自由主義を踏襲する岸田政権がとりうる選択肢は、消費税の増税、社会保障と文教関連支出の削減、さらに国債増発の組み合わせであり、現在と将来世代にすべてを負担させることになります。国民の所得に占める税金や社会保障の負担割合は、2022年度で47.5％にもなっています。すでに江戸時代のような「五公五民」の現状に軍事費の大増額が加われば、「六公四民」あるいはそれ以上が現実になるといっても過言ではありません。新自由主義で疲弊し切った国民生活は、さらに軍拡で痛めつけられてしまいます。

むすび

　戦後の歪んだ日米関係が、食料自給率の低さ、日米共同の新自由主義的改革による大企業優先の日本経済、そして「戦争できる国」化によって国民生活を危機に陥れようとしています。アメリカと財界を最優先する政治と政策は、ついに日本国憲法をなきものとして、先制攻撃できる国づくりに着手し始めました。武装した強面の軍事国家になったとしても、食料すら自給できず、また国民生活は貧困化して、敵国から何をまもろうというのでしょうか。

　アメリカと財界を最優先し「戦争できる国」へ邁進する政治ではなく、これまで蓄積してきた高度な技術と経済力を活かした国民生活最優先の政治と対話と外交を軸に信頼関係を醸成する国際関係の構築こそが、日本国憲法の前文が指し示す日本の針路です。

第5章

生存権・社会保障の危機と日本国憲法

原冨 悟

1 戦後日本の社会保障の成立と変遷

●日本国憲法の成立とともに

　日本国憲法の成立（1946年）とともに、戦後の人権保障を基礎とする社会保障制度の整備がはじまりました。生活保護法の改正で権利性が明示され（新法、1950年）、失業保険法、労働者災害補償保険法などの雇用・労働関係の法整備が進み、社会福祉の分野でも児童福祉法・身体障害者福祉法などが制定されました。

　内閣総理大臣の諮問機関である社会保障制度審議会は1950年に「社会保障制度に関する勧告」（50年勧告）をだし、憲法第25条の「生存権」の理念を実現するために、「社会保障制度とは、疾病、負傷、分娩、廃疾、死亡、老齢、失業、多子その他困窮の原因に対し、保険的方法又は直接公の負担において経済保障の途を講じ、生活困窮に陥った者に対しては、国家扶助によって最低限度の生活を保障するとともに、公衆衛生及び社会福祉の向上を図り、もってすべての国民が文化的社会の成員たるに値する生活を営むことができるようにすることをいう」「このよう

な生活保障の責任は国家にある」と宣言しました。

　健康保険法や厚生年金法の改正がおこなわれ、1961年には、国民健康保険と国民年金制度によって「国民皆保険・皆年金」体制が整備されました。1973年には老人医療の無料化が実施され、日本の社会保障制度の整備・改善がすすみました。

　それは労働者・国民のたたかいがあってこそのことでした。自衛隊創設に伴う防衛費調達のために社会保障予算を大幅削減する「MSA予算」（MSA＝日米相互援助条約）に反対する運動（1954年）、生活保護の水準と憲法上の権利を問う朝日訴訟（1958年〜）、健康保険の負担増に反対する国民的な共同闘争（1960年代）などが展開されるなかで、中央社会保障推進協議会（中央社保協）が結成され（1958年）、1974年の春闘で年金の物価スライド制が実施されるなど、労働組合と民主団体の共闘での国民的な運動の形成とともに社会保障制度の前進がはかられたのです。

●1980年代以降の社会保障の後退

　ところが、1981年の「臨時行政調査会」の設置を転機に、社会保障の後退がはじまりました。生活保護の「適正化」と称する抑制（123号通知、1981年）、それまで無料だった被用者健康保険の窓口負担の有料化（84年）が行われ、年金制度や医療保険の改悪がくり返され、福祉諸制度に対する国庫負担の削減、高齢者医療の窓口有料化などが進行しました。1989年には消費税が導入され、2000年の介護保険の創設を契機に社会保障・福祉の「構造改革」がすすめられました。それは「負担なしに給付なし」「自立自助」を強調し、国庫負担の削減、給付の抑制・削減で、労働者・国民の負担増をはかる新自由主義的な改革でした。年金制度では、連続的な保険料引き上げと年金額の抑制が実施され、マクロ経済スライドにより年金水準を自動的に抑制するしくみがつくられました。

　2012年に成立させられた社会保障改革推進法では、生活保護や年金の切り下げ、医療・介護の改悪がいっそう推し進められました。この社会保障改革推進法にたいする国民的な批判が起こり、日弁連（日本弁護士会連合会）は「憲法25条に違背する疑いがある」との会長声明をだしました。

1980年代以降の社会保障改革は、「戦後政治の総決算」をかかげて臨調行革を推進した中曽根内閣（1982年～）や、社会保障改革を強行した小泉内閣（2001年～）・安倍内閣（2006年～、2012年～）に典型的にみられるように、「憲法改正」の策動の強まりとも連動していました。

2　憲法と社会保障

●社会権と生存権保障

　日本国憲法は、国民主権、平和主義、基本的人権をその基本原理とし、第11条、第12条、第97条で、異本的人権を人類の多年にわたる自由獲得の努力の成果であり、侵すことのできない永久の権利として明示し、その保持のために国民の不断の努力を呼びかけています。

　また、個人の尊重（第13条）や平等原則、思想・良心の自由、集会・結社の自由などを保障する自由権とともに、生存権保障（第25条）、教育権（第26条）、勤労権（第27条）、団結権（第28条）、両性の平等（第24条）などの社会権を規定しています。社会権は、国家が経済・社会関係に積極的に介入し、労働者保護、社会保障、公教育などの制度をつうじて、人びとの人間らしい生活を権利として保障しようとするもので、第25条では「すべて国民は、健康で文化的な最低限度の生活を営む権利を有する」とし、その第2項で「国は、すべての生活部面について、社会福祉、社会保障及び公衆衛生の向上及び増進に努めなければならない」としています。社会保障制度の整備、その向上・増進は国の責任であり、後退は許されないのです。

●社会保障の原理——所得の再分配

　社会保障給付の主な財源は、税金と社会保険料です。資本主義社会では、貧困と格差を生みだしながら、大企業・大資本が、利潤を最大化しようとし、資本を蓄積していくので「冨の偏在」が拡大していきます。現在では、大企業の内部留保が500兆円を超える一方で、労働者の賃金が低下し、生活困難がひろがっています。そこで、大企業や富裕層など、所得が多く負担能力の高いものが、より多く税金・社会保険料を負担し、低所得層や生活困難にたいする給付をおこなうことで、所得の格差を緩

和し、国民生活の安定をはかるのです。こうした税・社会保障による所得の移転が、応能負担原則による「所得の再分配」です。

　個人の所得に課税する所得税は、所得が多くなるにつれて適用税率が高くなる累進税率課税になっています。所得税・住民税で一定所得以下が非課税になっているのは、最低生活を保障するための生活費非課税の原則によるものです。法人税は、企業活動による利益（法人所得）に課税されるものです。企業の利益は労働者によって生み出されたものですし、鉄道や道路、港湾などの公共事業によって整備された社会インフラを利用して事業活動がおこなわれているのですから、生みだされた利益について、相応の部分を税として社会的に還元するのです。法人税と社会保険料の企業負担は、社会保障財源として大きな位置を占めています。

　消費税は、消費に応じて課税されるので、低所得者ほど所得に占める消費の割合が大きいため、低所得者の税負担率が大きくなる「逆進性」が強く、所得の再分配機能を持たないので社会保障財源としては原理的に適切ではありません。

　この間、消費税率が引き上げられ、労働者・国民の社会保険料負担が増やされる一方で、法人税率は、1998年の37.5％から2018年には23.2％へと軽減され、所得再配分の機能が弱まっています。

　給付の面では、医療の窓口負担、介護の利用料負担などは、保険料を払ったうえに利用時の負担を強い、経済的な理由で医療や介護の利用を手控える人もいます。高齢期の生活保障である年金制度も、保険料を長期間納めたうえに年金額が減らされ、とりわけ女性の低年金は深刻です。何らかの事情で生活困窮に陥った場合の生活保護は保護申請のハードルが高く、捕捉率（生活保護を必要としている世帯のうち現に保護を受けている世帯の比率）は１〜２割程度にすぎません。

　こうして、この間の社会保障の後退によって、税・保険料の負担のしくみ、給付の不充分さや給付時の費用負担の両面から、所得の再分配機能が著しく失われ、権利としての社会保障は崩壊の危機に瀕しています。

3　社会保障運動の現段階

●大軍拡と生存権保障

　2022年12月、政府は「国家安全保障戦略」を閣議決定し、「反撃能力」を保有して集団的自衛権の行使を「実践面から可能にする」ために、5年間で43兆円もの予算をつぎ込み、2027年度には防衛費を倍化することとしました。

　こうした大軍拡は、社会保障予算を圧迫せざるを得ません。これまでも、毎年のように制度改定で国民負担を増やし、また、社会保障の自然増分（高齢者の増加などによる予算増）を抑制してきており、軍拡予算の確保のために、増税や給付のいっそうの削減がおこなわれるおそれがあります。そもそも、憲法前文に「平和のうちに生存する権利」とあるように、平和であることは生存の基本的な条件です。戦争の準備ではなく国際平和への努力こそが生存権保障、社会保障の前提です。

●社会保障の危機

　1980年代以降、社会保険料の引き上げ、医療や介護の利用時負担増、そして消費税の増税で、社会保障の国民負担が増大しました。年金制度の「改革」で、保険料の引き上げの一方で年金額は減らされました。コロナ禍では、医療体制や保健所機能の脆弱さが露わになりました。社会保障を支える医療・福祉分野の労働者は、公定価格による賃金水準の抑制のもとで働いています。

　労働者の賃金が低下し、非正規雇用労働の増大とともに貧困と格差がひろがり、また、生活困難に陥る高齢者が増えるなかで、社会保障の改悪が進行し、生存権保障の機能が低下しています。賃金低下、そして社会保障の機能低下の両面から、労働者・国民の暮らしの危機が進行しています。

●社会保障運動の強化を

　2013年から15年にかけて、年金額が2.5％削減されました。これにたいし、全国で、5000人を超える原告が違憲訴訟を提起し、憲法の生存権

各種世帯の生活意識（2021年）

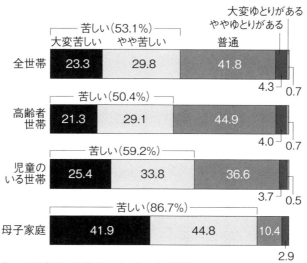

注：母子家庭の数値は、2019年の大規模調査による。
資料：厚生労働省「国民生活基礎調査」（2019、2021年）

社会保障費用の財源の変化

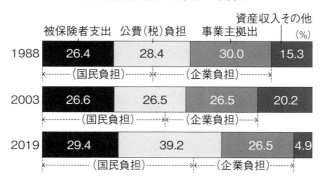

1) グラフ中の数値は「社会保障費用統計」による。
2) 破線で示した「国民負担」と「企業負担」の比率は、「公費負担」について当該年度の税収における所得税・消費税の比率を「国民負担」に、法人税の比率を「企業負担」として便宜的に按分し、それぞれ「被保険者拠出」「事業主拠出」に加えた場合の試算（イメージ）である。
3) 「国民負担」と「企業負担」の比率の変化は、消費税の導入・増税と法人税減税が大きく影響しており、1988年度（消費税導入以前）・約40:44、2003年度・約45:35、2019年度・約60:35と推計される。
4) ここでいう「国民負担」は、行政資料等に見られる「国民負担率」の概念とは異なる。
資料：「社会保障費用統計」（国立社会保障・人口問題研究所）および「税収に関する資料」（財務省）より作成

保障をめぐる裁判がたたかわれています。また、全国で、2013年の生活保護基準の引き下げにたいする裁判（いのちのとりで裁判）がたたかわれており、原告勝訴の判決も相次いでいます。

全世代型社会保障構築会議報告（2022年12月）などで、政府は「互助の機能の強化」を強調し、「自助（自己責任）、互助（地域の互助機能）、共助（社会保険）」などと称して国の責任を限りなく縮小しようとしています。社会保険を「共助」といい、労働者どうしが支え合うものとして、国と企業の責任をあいまいにしようとするものです。

社会保障は、資本主義社会において、労働者のたたかいのなかで形成され、発展してきました。社会保障における国の責任、大企業の責任をあいまいにすることはできません。制度の後退が進行したとはいえ、日本国憲法は生きています。日本国憲法の平和的生存権、人権保障にたちもどり、くらしの危機を乗り越えていくための国民的なたたかいがもとめられています。

第6章

日本国憲法におけるジェンダー平等と平和

杉井静子

　ジェンダーという言葉は、生物学的な性別（sex）や性的指向のあり方（セクシャリティ）、心の性と身体の性とが異なる性自認とは区別される、社会的・文化的につくられる性別のことです。生物学的な性別についても、男性と女性は明確に分けられないことがわかってきました。また、性的指向・性自認のちがう性的マイノリティの人びともいます。ですから、生物的な性別や性的指向で差別しない、差別されないことをジェンダー平等といいます。その意味で、ジェンダー平等は、男女平等よりひろい概念です。以前には問題とされなかったLGBTQ*の人たちへの差別も当然ふくまれます。しかし最も広範囲に、かつ深く浸透している性差別は男女差別ですので、以下では男女差別が中心になることをお断りしておきます。

＊Lesbian（レズビアン、女性同性愛者）、Gay（ゲイ、男性同性愛者）、Bisexual（バイセクシュアル、両性愛者）、Transgender（トランスジェンダー、性自認が出生時に割り当てられた性別とは異なる人）、QueerやQuestioning（クイアやクエスチョニング）の頭文字をとった言葉で、性的マイノリティ（性的少数者）を表す総称としても使われることがある。

1　身のまわりにあるジェンダー差別

　みなさんは、自分の妻や夫のことを、どう呼んでいますか？「うちの主人」「うちの家内」などといっていませんか。ここには、男性が主として外で働く稼ぎ手、女性は家にいて家事育児をやるもの、という性別役割分担意識と男性である夫が主で女性である妻が従という意識が潜んでいるのではないでしょうか。また、結婚式やお葬式のさいも、「○○家」と「△△家」というように「家」を中心とする考えが残っていて、跡継ぎは男、女は嫁にやるものなどの意識が残っている、そんな無意識のうちにある差別意識はどこにルーツがあるのか、考えてみましょう。

2　戦前の女性の地位

　戦前の日本社会では、女性は大日本帝国憲法のもと公的（社会的）に、私的（家庭的）には明治民法のもとで、男性に支配され、従属させられていました。家庭内では「家」制度のもとで、女性は「戸主」（原則として男）である父や兄に従い、そして結婚すると夫の「家」に入り、夫に従わなければなりませんでした。妻は法律上1人では契約などの法律行為ができない「無能力者」とされていました。男系の長子相続で妻には相続権もありませんでした。

　公的には、女性には参政権がなかっただけでなく、政治的な演説会に参加することも、政党に加入することもできず、政治的・社会的にも「無能力者」だったといえます（前者については新婦人協会を中心とする運動で戦前に撤廃されますが、後者は撤廃されずに戦後を迎えます）。

　教育も「男の子のコース」と「女の子のコース」と峻別され、女子は良妻賢母教育で、高校、大学などの高等教育は受けられなかったのです。このように、社会のあらゆる場面で女性差別はあたりまえでした。女性には参政権がないのに絶対主義的天皇制のもとで"銃後"を担わされ、戦争に協力させられました。

3　日本国憲法の制定と民法などの法律の大改正

　戦前の差別的な女性の地位を決定的に変えたのが日本国憲法の制定・施行でした。憲法第14条は、すべての国民は法のもとに平等であることを宣言し、性別によって、政治的、経済的または社会的関係において差別されないと明記しました。これにより、女性参政権をはじめ女性の政治的権利と活動の自由が保障され、男女差別的な法律は改正を余儀なくされます。法のもとの平等を定める憲法は諸外国の近代憲法としては共通のものといえます。

　ただ、日本国憲法の特色は、家族（家庭）関係でも、「両性の平等」と「個人の尊厳」をうたった規定、第24条を別に設けたことです。第24条は、ベアテ・シロタさんの草案によるといわれていますが、その草案では婚姻と家庭は親の強制ではなくかつ男性の支配ではなく、両性の協力にもとづくこととうたわれていました。その意味で、第24条は、広範な家庭にかんする事項の法律の制定にあたって「両性の平等」と「個人の尊厳」の理念が貫かれることを要請しているのです。「家」制度下でのような親や男性の強制や支配をなくし、女性の自己決定権を尊重するというものです。

　これにより、民法の家族条項は大改正され、「家」制度は廃止され、離婚原因や相続での明らかな女性差別条項はなくなりました。また、学校教育法が改正され男女平等教育が実現し、労働基準法第4条では男女差別賃金が禁止され、刑法の姦通罪（妻が夫以外の男性と性的交渉をもつと犯罪となる）も廃止されました。

　憲法は、まさに「女性の権利宣言」でした。

　現実にも、女性たちは、戦後、憲法を手がかりにさまざまな運動や裁判闘争にとりくんできました。そして国際女性年を契機とする国際的な流れのなかで、さまざまな法整備も勝ちとりました。

4　ジェンダー差別の現状

　しかし、日本は未だにジェンダーギャップ指数は146ヵ国中116位で、

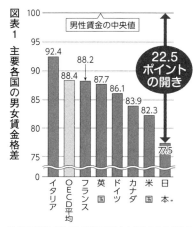

図表1 主要各国の男女賃金格差

男性賃金の中央値

22.5ポイントの開き

イタリア 92.4
OECD平均 88.4
フランス 88.2
英国 87.7
ドイツ 86.1
カナダ 83.9
米国 82.3
日本 77.5

※各国の男性賃金の中央値を100とした場合の女性賃金の中央値。 OECDデータから内閣官房がまとめた資料を基に作成。正規・非正規雇用のフルタイム労働者が対象。日本、米国、カナダ、英国は2020年、ドイツ、イタリアは2019年、フランスは2018年の値。
[出所]「東京新聞」2022年5月21日

図表2 6歳未満の子供を持つ夫婦の家事・育児関連時間
（1日当たり、国際比較）

〈妻〉

日本 7:34 3:45
米国 5:40 2:18
英国 6:09 2:22
フランス 5:49 1:57
ドイツ 6:11 2:18
スウェーデン 5:29 2:10
ノルウェー 5:26 2:17

〈夫〉

日本 1:23 0:49
米国 3:10 1:20
英国 2:46 1:00
フランス 2:30 0:40
ドイツ 3:00 0:59
スウェーデン 3:21 1:07
ノルウェー 3:12 1:13

■家事・育児関連時間　□うち育児の時間

（備考） 1. 総務省「社会生活基本調査」（平成28年）より作成。
2. 日本の値は、「夫婦と子供の世帯」に限定した夫と妻の1日当たりの「家事」、「介護・看護」、「育児」及び「買い物」の合計時間（週全体平均）。
[出所]『男女共同参画白書 平成30（2018）年版』1-3-8図。

世界的にもジェンダー平等後進国です。

●職場で

　職場では、女性は依然として低賃金、不安定雇用です。賃金はフルタイム正規雇用でも平均して男性の7割台です（OECDの平均賃金は88.4、**図表1**）、生涯賃金で比べると約1億円の格差になります。また、女性の非正規雇用の割合は56%で、過半数を占めています。そして、同じ非正規雇用でも男性より女性の賃金が低いのです。

　女性の賃金が低い原因のひとつに、女性の勤務年数の短さなどがあげられています。現に出産を機に46.9%の女性が退職しています。ただ、以前よりはいわゆる「M字カーブ」（子育て期に労働力率が下がる）は底があがってきています。家族の生活のため出産後また働かざるを得ない人も増えているのも事実です。しかし、子どもをもつ女性が正規ですぐに再就職できるかといえば、厳しい実態があります。

　男女賃金格差を正当化する資本の理屈は、女性は本来家事、育児を担う役割があるので、男性のように長時間過密労働や単身赴任に耐えられる"会社人間"ではない、半人前の労働力だからというものなのでしょう。これがジェンダー差別イデオロギーです。安くていつでも首を切れる労働力としてしか位置づけていないのです。また、現実にも日本女性の家事、育児時間は諸外国に比べて長いのです（**図表2**）。

　強調したいのは、賃金格差は「生命の値段（価値）の格差」でもあるということです。交通事故で幼児が死亡した場合、将来得られるであろ

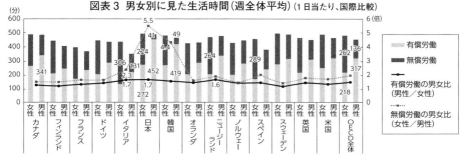

図表3　男女別に見た生活時間（週全体平均）（1日当たり、国際比較）

（備考）　1. OECD Balancing paid work, unpaid work and leisure（2020）をもとに、内閣府男女共同参画局にて作成。
　　　　2. 有償労働は、「paid work or study」に該当する生活時間。無償労働は「unpaid work」に該当する生活時間。
　　　　「有償労働」は、「有償労働（すべての仕事）」、「通勤・通学」、「授業や講義・学校での活動等」、「調査・宿題」、「求職活動」、「その他の有償労働・学門関連行動」の時間の合計。「無償労働」は、「日常の家事」、「買い物」、「世帯員のケア」、「非世帯員のケア」、「ボランティア活動」、「家事関連活動のための移動」、「その他の無償労働」の時間の合計。
　　　　3. 調査は、2009年～2018年の間に実施している。
[出所] 内閣府『男女共同参画白書・令和2年版』「コラム1　男女別に見た生活時間、国際比較」より。
http://www.gender.go.jp/about_danjo/whitepaper/r02/zentai/hmtl/zuhyo01-c01-01.html

う利益を逸失利益といいますが、それが男の子と女の子とでは数千万円も違うのです。逸失利益は、平均賃金をもとに計算されるので男女の平均賃金に格差がある以上、差が生じてしまうからです。賃金格差は生命の格差であり、人間の尊厳を侵すものです。

●家庭で

　家庭ではどうでしょうか。前述のように日本では、諸外国に比べ、家事・育児の負担が女性に重たくかかっています。女性は、男性の5.5倍もの無償労働（家事・育児）をおこなっています。男性が職場で長時間働かされていることの裏返しでもありますが、有償・無償を合計した総労働時間でみると、日本の女性は男性より長く労働していることになります（**図表3**）。それなのに、賃金が安く家計に入れる金額が少ないために「誰に食わせてもらってるのか！」などと夫から侮辱的な言葉をかけられたり、夫のDVに苦しむ女性も多く、家庭内の男女平等もまだまだすすんでいません。

●社会生活で

　社会生活のうえでは、未だに、住民票上の世帯主はほとんど男性ですし、世帯単位で社会保障制度が設計されています。税金上の配偶者控除、健康保険の家族給付、年金の第三号被保険者制度など、低所得の配偶者

（主に妻）がいる世帯は優遇されるしくみがあります。児童手当やコロナ禍の給付金なども原則世帯主に支給されるため、別居中の妻子に渡らない問題も浮上しました。

さらに、慣習やしきたりで、「女性はすもうの土俵にあがれない」「女人禁制の山」もまだあり、町内会をはじめ「組織の長は男」など、女性を差別し、不利に扱うことが諸々あるのではないでしょうか。

最近勇気をもって性暴力を裁判にそして社会に訴える女性たちが増えつつあり、フラワーデモなどにみられる運動もひろがってきていますが、性関係での不平等は根強く残っています。

5　憲法前文、第9条と第24条とを貫く思想

●平和の思想

前文には「平和を愛する諸国民の公正と信義に信頼して、われらの安全と生存を保持しようと決意した」とあり、かつ「全世界の国民が……平和のうちに生存する権利を有する」とあります。ここには、全世界の国民相互のリスペクトにより平和を実現する決意がのべられています。すなわち、力（暴力・軍事力）による支配を排し、対話と外交で平和をまもろうとする決意です。その具体化が第9条です。

第24条は、前述のように、家庭のなかで、社会のなかでの支配と従属を排し、家族員の平等と自己決定権の尊重をうたっています。両者を貫く思想は、力の支配の排除（非暴力社会）の下でこそ個人の尊厳が守られ、そこにこそジェンダー平等をふくめて真の平等社会が実現されるのだという平和の思想です。

国際女性年のスローガンも、「平等、発展、平和」でした。ジェンダー平等にとっては平和は不可欠です。それは憲法を貫く思想でもあります。

●日本的家族観について

自民党の党是は改憲であり、1950年代から現在に至るまで宗教右派とも結びつきながら、現憲法批判と改憲運動を展開してきました。その主柱が9条改憲であることはいうまでもありません。しかし同時に「日本

的家族の保持と尊重」をかかげて第24条もターゲットにしていることも忘れてはなりません。

2012年4月に自民党がだした改憲草案の第24条には次の条項が加えられています。

「家族は社会の自然かつ基礎的な単位として尊重される。家族は互いに助け合わなければならない」です。ここには、人権の主体としての個人を軽んじ家族の相互扶助が強調され、「公助」が軽視されています。これは「日本的家族」を理想としてと「家族の絆」を強調する戦前の「家」制度につうじるものです。同時に、社会保障を軽んじる思想もあります。これが選択的夫婦別姓反対、同性婚反対のバックボーンなのです。これこそがまた今日、自民党との癒着があらわになった統一協会の家族観でもあります。彼らは地方議会を中心に「家庭教育支援条例」の制定、国レベルでは「家庭教育支援法」の策動をくりひろげてきました。家庭教育という言葉は、大日本帝国時代の造語で、愛国教育推進のための家庭での教育であるといいます。前述した憲法の「平和・非暴力」の思想と相いれないもので、断固反対しなければなりません。

●憲法第24条は、第25条につながるもの

私は、憲法第24条はけっして単純な自由権規定ではなく、第25条からはじまる社会権規定の側面があると考えます。前述のベアテ草案にさかのぼってみるとき、憲法はけっして、家族や家庭をないがしろにしているわけではありません。

もちろん、人権の主体は個人です。しかし、各個人には生活単位としての家族、家庭があります。個人の尊厳と両性の平等に立脚する家庭こそが民主社会の重要な基礎単位です。ですから、人間らしい生活と家族関係を維持するための条件整備は国や自治体の責任（責務）であるのです。そのうえで保育所、高齢者施設、医療機関などは公的に整備されるべきものなのです。

6　今後の課題と展望

国連ではジェンダー平等は持続可能な社会の最重要課題と位置づけら

れています。核戦争が現実のものとなりかねない今日、男女双方による平等で効果的な参加を支援し強化することが急務で、それが平和と安全には不可欠なのです。それはまた個人の尊厳に深くかかわり、憲法を真に日本社会に根づかせる運動でもあります。

　ジェンダー平等を考える場合、たんに女性や性的マイノリティの人たちを男性並みにすれば良いわけではありません。戦争をはじめ強者の論理に合わせるのは、真の憲法的価値観ではありません。女性が生活者としてもっている「生命」「くらし」「平和」を大切にする価値観（憲法的価値観）を大切にし、それを生かす社会をつくることが大切です。それはまた性別や性的指向を問わず、すべての人が人間らしく生きられる社会ですが、そのための政治変革がもとめられています。

　そして、女性自身も主権者としての自覚と責任がもとめられます。女性差別撤廃条約の前文には「国の完全な発展、世界の福祉及び理想とする平和は、あらゆる分野において女性が男性と平等の条件で最大限に参加することを必要としていることを確信し」とあります。

　いままでも女性たちは保育園増設や子どもの医療費の無償化をもとめる運動など、くらしに直結する要求運動、選択的夫婦別姓制度をもとめたり、女性差別撤廃条約の選択議定書をもとめる地方議会の決議をあげる運動などをしてきました。今後ともこうした草の根の運動をひろげる必要があります。これはまた憲法を生かしきる運動なのです。

　何よりも、女性の衆議院議員が約10％という現状は「女性のいない民主主義」ですので、それを変えるために、政治の分野でのクオータ制（一定割合の女性議員を割り当てる）などが必要になるでしょう。そのためにも、政権交代をふくむ政治の変革が必要です。そのことがまた戦争への道を許さない、改憲を許さない道でもあることを強調しておきます。

III

改憲阻止の
歴史的
たたかい

第7章

労働組合が平和運動にとりくむ意義

兵頭淳史

1 労働組合による平和運動の現在

　戦後日本では、労働組合が、賃金など労働条件をめぐる交渉・争議や、社会・労働政策にかんする要求をかかげての運動に加えて、反戦・平和という課題分野での活動、とりわけ、日本国憲法第9条の改定に反対し、その理念を堅持し実践することを要求する運動を、しばしば活発に展開してきました。しかし、1980年代末における労働戦線の再編以降、労働組合による反戦・平和・護憲運動をとりまく状況は、そうした運動に積極的な潮流の縮小や、「労働組合の活動は労働条件・労働政策という本来的な領域に限定されるべきだ」といった風潮の高まりなど、厳しさを増しつつあります。

　もちろん、全労連や全労協に結集する組織の多くをはじめ、連合加盟であっても、いまなお、反戦・平和・護憲運動に熱心なとりくみをおこなう労働組合は少なくありません。しかし、2022年2月におけるロシア連邦によるウクライナへの軍事侵攻は、そうした運動にいっそう冷や水を浴びせる可能性のある、「憲法第9条を改定し軍事力・軍事同盟を強

化すべし」といった言説の拡大をもたらしています。

　実は、労働組合による平和運動への積極的なコミットメントは、世界的に見ても、必ずしも一般的なものではありません。ではなぜ、とりわけ私たちの国においては、労働運動は労働条件の改善や生活の向上といった固有の課題と同時に、平和を追求し、憲法第9条をまもる運動に積極的にとりくむ必要があるのでしょうか。憲法をめぐる状況が厳しいものとなり、労働運動の平和へのとりくみについても、その重要性への認識が社会的に薄れつつあるいまこそ、この問題についてあらためて考えてみたいと思います。

2　ロシアの戦争と憲法第9条

　ロシアによるウクライナへの軍事侵攻を機に、憲法第9条への攻撃が強まっているいま、まず確認しておくべきは、憲法第9条の成立した歴史的コンテクストです。そもそも、隣接する独立国家に対して、その一部に成立させた傀儡政権を利用しながら、その支配地域の住民や自国民の保護、「自衛」目的であると称して、武力によって当該国の政権転覆や国境の変更をめざす、といった点で、現在ロシアがウクライナにたいしとっている行動は、約90～75年前における日本の中国にたいする行動とまったく同質のものです。日本は、そうした中国への軍事侵略の延長線上に、世界中を敵に回す無謀な戦争へと突き進んだあげく破滅を迎えたわけです。

　日本国憲法の第9条は、国民の「もう戦争はこりごり」という素朴な感情によって支持されたというだけではなく、日本国家は二度とこのような行動をくり返さないことを国際社会に誓約したものでもあるのです。したがって、いまロシアが、「自衛」を名目に、国際社会の非難にもかかわらず武力で現状変更をめざす行動を起こしているという文脈のなかで、日本が「憲法第9条の改定を」と主張することは、論理としては「日本もロシアのようにやりたい」といっているのと同じことです。

3 戦時体制の成立過程における労働運動

　今般のロシアによる軍事侵略とかつての帝国主義日本の行動との相似性・同質性についてこのように正確な視点をもったうえで、かつての日本の破局へのプロセスにおいて労働運動がはたした役割について考えてみましょう。この対外侵略から敗戦へという道のりにおけるいくつかの節目となるイベントのなかでも、とくに重要なもののひとつに、1938年の「国家総動員法」の成立があります。この法制は、総力戦体制の構築にむけて、社会的・経済的資源の動員や統制をおこなう権限を、政府・軍部に無限大に付与するものでした。そして、この国家総動員体制が、単なる軍事的な動員体制であったのみならず、賃金統制など労働条件の抑圧などをつうじた労働者生活の困難化と労働運動の弾圧をもたらす体制であったことも重要なポイントです。

　このような法案にたいしては、さすがに当時の帝国議会においても強い批判が起き、当時の保守２大政党（政友会・民政党）などは反対の論陣を張りました。ところが、これにたいして最も強く賛成の立場を示し、同法成立にあたって最大の貢献者となったのが、このとき議席をもっていた唯一の労働者政党（無産政党）であり、当時最大の労働組合組織であった日本労働組合会議とその主軸を占める全日本労働総同盟を支持基盤とする、社会大衆党だったのです。

　さらにこの国家総動員体制の構築と平仄（ひょうそく）を合わせるようにすすめられていったのが、労働運動を事実上根絶し、労使を一体化させて国策に協力させようとする「産業報国」「労務報国」の運動でした。全日本労働総同盟は1936年結成時の綱領において「我等は労働報公の精神に基づき」運動をすすめることを宣言する組織であり、社会大衆党も「産業報国会」設置の動きを積極的に推進していったのです。

　こうして、ほかならぬ労働運動の主流派によって推進されることになった国家総動員体制の成立と産業報国運動を挺子として、日本は軍部・「革新」官僚などが主導する社会の強制的同質化と、対外的な軍事行動をいっそう促進させていきます。近代日本を破滅に追い込むことになる対外的な軍事侵略体制を支えた基盤は、同時に労働者生活・労働運動に

労働組合数および労働争議件数

年次	労働者数 （就業者）（千人）	労働組合			労働争議 （争議行為を伴うもの）	
		組合数	組合員数	組織率(%)	件数	参加人員
25	4,486	457	254,262	5.6	293	40,742
26	4,642	488	284,739	6.1	495	67,234
27	4,704	505	309,493	6.5	383	46,672
28	4,825	501	308,900	6.3	397	46,252
29	4,873	630	330,985	6.8	576	77,444
30	4,713	712	354,312	7.5	906	81,329
31	4,670	818	368,975	7.9	998	64,536
32	4,860	932	377,625	7.8	893	54,783
33	5,127	942	384,613	7.5	610	49,423
34	5,764	965	387,964	6.7	626	49,536
35	5,907	993	408,662	6.9	590	37,734
36	6,090	973	420,589	6.9	547	30,900
37	6,422	837	395,290	6.2	628	123,730
38	6,765	731	375,191	5.5	262	18,341
39	6,961	517	365,804	5.3	358	72,835
40	7,317	49	9,455	0.1	271	32,949

総務省「日本長期統計総覧」のデータをもとに作成
出所：『学習の友』2021年8月号佐々木啓論文より

とっても破壊的な役割をもつものであったわけです。そして、当時における日本労働運動の主流は、これに抵抗を示すどころか、その体制の推進者としての役割をはたしました。その結果として、1936年には42万人を超えていた労働組合員数は、はやくも1940年には1万人を割り込むという急速な縮小過程に入り、労働争議も激減していきます（**表**）。こうして軍事侵略をすすめる総力戦体制の形成を強力に支援した労働運動組織は、最終的にはその体制に屈服し、あるいは迎合して、すべて解散に

追い込まれてしまいました。労働組合が消滅した社会で、戦争そのものに加えて、労働強化や低賃金による窮乏状態によって、労働者が塗炭の苦しみを受けることになったことは説明するまでもありません。

4 平和憲法の制定と戦後の労働運動

　日本帝国主義が、日本および各国の人びとに多大な犠牲をもたらした末に、徹底的な敗北を喫したあと、その歴史を教訓として、第9条をはじめとする平和主義条項をもち、国民の生存権、労働基本権を保障する日本国憲法が制定されました。その憲法と、戦後労働改革によって生まれた新しい労働法制のもとで、労働組合は復活し、急速に発展していきます。

　しかし、戦後復活した労働組合が、最初から憲法第9条擁護や平和運動に熱心にとりくんだわけではありません。アメリカによる占領下、1940年代後半の時期は、労働者・労働組合は、敗戦直後の混乱・窮乏状態のなか生活を維持するたたかいに必死という状況であり、政治課題としては、「より民主的な政府を」、という目標をかかげ運動を展開したものの、「平和」や「9条」はその時点では政治的な争点となっていなかったこともあり、当初は労働組合の運動課題としてとりあげられることもほとんどありませんでした。

　そうした状況に大きな変化が訪れるのは、1940年代末から50年代初頭にかけてです。この時期、アメリカの対日占領政策は、日本を冷戦体制に組み込むべく大きく転換していきます。そのなかでも経済・労働政策の転換は不況と大量失業を生み、労働運動に分裂と混迷の局面をもたらします。そうした政策と一体となってすすめられたのが、米軍基地の恒久化と再軍備をはじめとする、日本国憲法、とくにその第9条の実質改定をねらう政策でした。

　こうした情勢の展開は、労働組合に結集する労働者とその指導部に強い危機感をもたらしました。彼ら彼女らは、アメリカの外交・軍事政策が自らの雇用と生活を再び危機に追いこみつつあることに強い異議申し立てを始めます。そして、戦前に主流を占めた労働者組織が戦争への道をふみ固め労働者の生活と生命を破滅に追い込むことに一役買ってしま

った、という歴史をもふまえ、憲法の平和主義条項をまもること、そして戦争や戦時体制の形成につながる政策に強く抵抗する運動を積極的に展開しはじめたのです。このような平和運動の展開は、労働組合にその固有の領域での運動の活性化をももたらし、さらには、最低賃金制のような、労働組合員のみならず広汎な未組織労働者の要求実現と生活擁護をも視野に入れた新しい運動目標をも生みだします。

　このように、日本近現代史をあらためて振り返ると、労働運動組織が戦争に反対することをやめ戦争協力へとふみだしたことが、社会全体に破局的な結果をもたらしたこと、そうした歴史を教訓として、労働運動が平和という課題に積極的にとりくみはじめたことが、労働者の働き方と生活をまもり向上させる運動の活性化にも結びついてきたことがよくわかります。ロシアによる侵略戦争を奇禍として日本を軍事化への道に進めようとする政治的言説が横行し、労働組合による平和運動の意義が忘れられつつあるかのようにみえるいまこそ、このことは、いっそうの危機意識と希望をもって再確認しておきたいと思います。

第8章

労働組合は改憲にどうたちむかうか
──国民多数の「平和の基礎体力」を生きる

黒澤幸一

はじめに

　「平和の基礎体力をつける」（川田忠明「大軍拡と改憲でなく憲法で日本を守る」〈全労連主催オンライン憲法学習会、2023年2月14日〉）。このことでしか、政権与党が急ぐ、憲法改悪を止めることはできないのではないでしょうか。かつてなく切迫する改憲策動のもとで、少しのんびりしているように受け止められかもしれません。しかし、多数の国民が「改憲は必要ない」「いまの憲法をまもり活かすことが大切だ」とする立場にある限り、仮に国会の力関係で改憲が発議されたとしても、止めることができます。回り道のように感じますが、平和をまもる「反戦運動」が職場や地域で絶え間なく息づいていく、そんな草の根の運動が、国家権力の暴走を止めることになると考えます。現に日本の憲法は原水爆禁止運動などの平和運動がベースとなり、改憲勢力の企てを70年以上に渡って許してきませんでした。労働組合には、パワーの源である一人ひとりの組合員の「平和の基礎体力を生きる」ことで、組織された集団としての力を発揮することがもとめられていると考えています。

　本稿では、基礎体力のある労働組合とは何かを憲法との関係で考え、「労働組合は改憲にどうたちむかうか」の問いに迫りたいと思います。

1　労働組合が憲法をまもる３つのワケ

　まず、なぜ私たちの労働組合は憲法をまもり活かす運動をつづけるのか、から考えてみたいと思います。１つは、憲法は、「個人の自由・権利をまもるために、憲法によって国家権力を制限し、法にもとづいた政治をおこなわせる」ために、国民が国家権力に科したルールです。ですから、順守がもとめられている国家権力からルールを変えようといいだしたときは、権力側にとって都合よく制限を緩めたいということであり、国民にとっては危険な動きです。憲法は、未来永劫、変える必要がない絶対的なルールとはみませんが、少なくともいま変える必要性はまったくないというのが多くの国民の真意であり、むしろ完全実施をもとめていくことが必要です。

　２つには、労働組合の本分である、労働者の生活と働くことの権利をまもるためです。とくに、生存権や勤労権を瞬く間に奪うことになる「戦争に反対」だからです。日本の憲法は、「２度と戦争はしない」ことを明確に国家権力にもとめる優れたルールです。憲法第９条は、「世界の宝」とも称されます。まもり活かさなければいけません。

　３つ目は、労働組合の権利が謳われる憲法第28条「労働三権」をまもり行使するためです。自民党の改憲草案は第28条第２項に「公務員に関する労働基本権の制限規定を新設する」としています。つまり、公務員が労働者として労働組合をつくることすらも制限し、国の奴隷にしようとするものにほかなりません。労働者のたたかう権利を保障する優れた日本の憲法はまもり活かさなければいけません。

　この３つが、労働組合が改憲に反対する主な理由です。「国民が国家権力をしばるもの」とする立憲主義からすれば、労働組合は労働者の権利擁護のための組織として憲法をまもり活かさせなければいけません。

　では、労働組合にその力がいま備わっているのかについて考えてみたいと思います。

2　めざすは労働組合の活性化

　いま労働組合のたたかいは、自由市場を際限なくひろげようとする資本とのせめぎ合いのなかにあります。長期的には、労働組合の組織率の低下、ストライキなどの減少は顕著で、賃上げなどの経済的要求での実績をつくれずにいるのが現状です。こうした状況は、日本だけのことではなく先進国のなかで共通しています。

　1980年代以降の労働組合衰退の原因はどこにあるのか、盛んな議論があります。共通しているといわれるのが、産業構造の変化です。製造業の縮小とサービス産業の拡大、グローバル競争の激化、規制緩和と民営化の進展、新自由主義的な経済政策による労働組合活動の制約、労働力に占める移民や女性の増加、雇用形態の多様化などがあげられています。

　ILO（国際労働機関）は、「Trade Union in The Balance」というワーキングペーパーで、「労働組合の未来についての４つのシナリオを提示」しています。

　第１は、周縁化です。このまま組織率が低下し、組合が存在しなくなる国がでて、自由市場が拡大していくというものです。第２は、二元化です。大企業や公務部門の組合は力をもちつづけ雇用と労働条件をまもりつづける、一方で、その犠牲となる労働者が増え、格差がひろがるシナリオです。第３は、代替です。組合の衰退を背景に、使用者によるCSR（企業の社会的責任）活動、労使のパートナシップか、NGOによる社会運動、法制度による監督行政の強化など、組合を代替する機能が表出するというシナリオです。第４には、活性化です。労働組合が活力をとりもどし、新たな不安定な労働力層を組織化していくシナリオです。実際に、多くの国で、組織内に女性リーダーが誕生しています。大規模な組織化キャンペーンが成功しています。ILOは、こうした４つのシナリオが同時並行的に、一つの国のなかで進行しているとみているといいます。（首藤若菜「労働組合はどこへ向かうのか」『月刊全労連』2023年１月号）

　新自由主義的な経済政策のもとで自由市場を拡大しつづけようとする勢力と労働組合のせめぎあいのなかにあるということでしょう。このせめぎ合いに勝つためには、第４のシナリオであるたたかう労働組合の活

性化でしか実現しえません。そして、日本の憲法は、そのことを私たち労働者に促しているのです。

3　憲法は、労働組合を促している

　労働者は、企業などに雇われ「使用される者で、賃金が支払われる者」です。企業などの使用者に服従する者であり、その対価として賃金を受け取ります。使用者の指揮命令に服する「受け身の存在」です（呉学殊「日本的雇用慣行における集団──労使関係と賃上げを中心に」（労働政策研究・研修機構『日本労働研究雑誌』2022年10月号）。しかし、憲法は第27条で「勤労の権利」を謳い、その労働条件については、「労働者と使用者が、対等の立場において決定すべきものである」（労働基準法第2条）と法律で厳格に定めています。労働者は使用者に労働力を時間売りして賃金を得ますが、その条件決定には「労使対等決定の原則」があるということです。

　では、受け身の存在の労働者がどうしたら「労使対等」になれるのでしょうか、それは「労働組合で団結するしかない」のです。労働者が集団をなして交渉力を高める、ストライキで要求実現を迫るしかないのです。その労使が対等になることを促しているのが、憲法第28条の「労働三権」です。「団結権」「団体交渉権」「団体行動権」の3つの権利を行使することでのみ労働者は使用者と対等になれるのです。ですから、憲法はすべての労働者に「労働組合に入って、交渉当事者になることを促している」と考えています。

　23国民春闘では、名古屋市職員労働組合のみなさんが、保育園で働く保育士らの非正規公務員の賃金を月4万円以上引き上げさせようと、13人だった組合員を1ヵ月足らずで60人余りまで増やし団体交渉に臨み、みごと4万円の賃上げを勝ちとりました。労働組合が大きくなったこと、当事者が声をあげたことが、労使対等の力関係をつくり、要求実現に結びついたものです。

4　改憲の歯止めは「平和の基礎体力」

　生協労連（全国生協労働組合連合会）は、毎年の春闘アンケートのなかで「憲法９条の改定について」という項目をたてて、組合員に聞いています。2022年の回答では「９条を改定すべきでない」が36.8％、「改定すべき」は8.4％、「わからない」が36.8％、「どちらでもない」が9.0％という結果でした。2015年９月の戦争法（安保法制）の強行成立をピークに「すべきでない」が減少し、「わからない」が1.6倍に増えていることに注目し、若い世代に憲法第９条の大切さを伝えていきたいとしています。

　また、「世界価値観調査」（WVS：World Values Survey、2022年は77ヵ国から回答）で、「もし戦争が起こったら国のために戦うか」という問いに、「はい」と答えた率は、日本人が世界最低で13％です。次が、リトアニアの32.8％、米国59.6％、韓国は67.4％、ベトナム96.4％などとなっています（**グラフ**＝次頁）。この結果について、「平和憲法（憲法９条）を意識していたからだと推測される（韓国『毎日経済新聞・電子版』2022年７月２日）」と評価されているように、日本人には平和憲法が深部でいかされていることを示しています。

　自民党をはじめ改憲勢力が束になって世界に誇るべき平和憲法を改悪し、アメリカとともに戦争できる国に変えようとしています。改憲に歯止めをかけるには「平和の基礎体力」を多くの国民のなかでひろげることです。そのためには、持続的な職場や地域での草の根の平和運動が欠かせないですし、平和を愚直に願いひろげようと、たたかう労働組合が強く大きくなることが改憲を阻止する最もたしかな力になると考えます。

　ただ、ありがちなのが運動の押しつけです。「改憲策動は、戦後安保政策の大転換だ」と壮大なスケールで論じて、運動にたちあがらないのは「情勢がわかっていない」「勉強が足りない」と上から押しつけることほど、たたかう主体者を委縮させることはないと思います。そうではなくて、生活や職場の困難、組合員や労働者が直面する問題から「憲法をまもり活かす必要性」を自ら意識化することではないでしょうか。ブラジルの教育思想家、パウロ・フレイレ（1921〜1997）は、著書の『被

もし戦争が起こったら国のために戦うか（2017年〜20年）

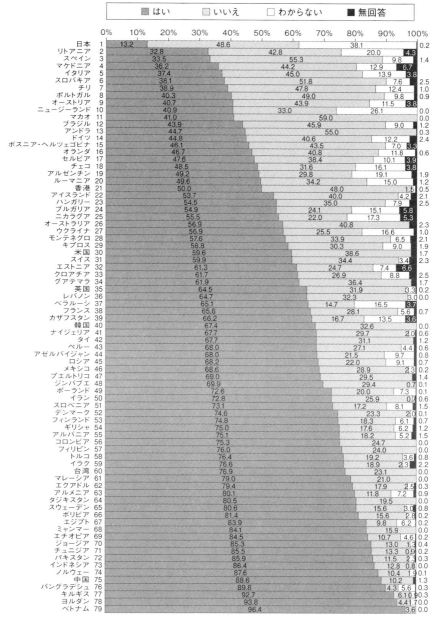

（注）各国の全国 18 歳以上男女 1,000 〜 2,000 サンプル程度の意識調査結果
（資料）World Values Survey HP（2021.1.29）

抑圧者の教育学』（亜紀書房、1979年）のなかで、「解放のために自分たちが闘わなければならないのだ、という被抑圧者たちの確信は、変革の指導者によって与えられるものではなく、自らの意識化によってもたらされるものだということをしっかりとわかっておく必要がある」とのべています。組合員や労働者が直面する低賃金や人手不足、長時間労働がなぜ強いられるのかなど身近で最も切実な問題から平和や憲法を考えるなどの丁寧な対話と運動が自らの意識化をつくるのだと思います。

　平和をまもる草の根の運動を地域や職場で粘り強くおこなうことで「平和の基礎体力をつくる」ことが、改憲阻止の歴史的なたたかいに勝利するための、たたかう労働組合のプランです。

第9章

これからの運動をどうするか
——大軍拡を阻止し、憲法と真の平和を
　まもるために

山田敬男

はじめに

　2022年12月16日に閣議決定された「安保3文書」（「国家安全保障戦略」「国家防衛戦略」「防衛力整備計画」）によって、日本の防衛政策の大転換がおこなわれようとしています。最大の問題は、「台湾有事」を想定して「敵基地攻撃能力」（「反撃能力」といいかえている）の保有とそのための軍事力の増大（大軍拡）です。台湾で米中の衝突があれば、それは「日本有事」でもあるとして、2015年の安保法制にもとづく集団的自衛権の行使として、アメリカと一体になって先制攻撃をおこなうというものです。この体制を実践的にするために、日本の防衛費＝軍事費を大増額し、5年間で43兆円の軍事費が予定されています。これによって、日本は、アメリカ、中国につづく世界第3位の軍事大国になります。この大軍拡を既成事実として、改憲を強行しようというのが岸田内閣のねらいです。

　日本国憲法と戦後民主主義が根底から破壊されようとしており、この意味で、私たちは戦後最大の歴史的岐路に立たされています。

1　「市民と野党の共闘」の再構築で大軍拡と改憲を止めさせよう

●21世紀になり、社会運動が再生し発展をはじめた

　それでは、大軍拡や改憲を止めさせるにはどうしたらよいでしょうか。やはり、2015年の安保関連法反対の大闘争を契機に実現した「市民と野党の共闘」の再構築がきわめて重要になります。ところが、2021年10月の総選挙、2022年7月の参院選での「市民と野党の共闘」がそれまでの国政選挙に比べ大きく後退したことにより、もう「市民と野党の共闘」はだめだ、共闘は過去のものになったという失望感が一部に生まれています。しかし、政治をきりひらくには、この「共闘」しかありません。

　振り返ってみると、「市民と野党の共闘」は、21世紀に再生した社会運動の高揚によって可能になりました。1960〜70年代の革新統一が「社公合意」*で壊され、1980〜90年代は社会運動の分断と混乱の時期でした。

　＊社会党（当時）と公明党の政権合意（1980年1月）。政権協議の対象から共産党が除外され、政策的に安保条約と自衛隊の「当面存続」が容認された。これによって革新統一が壊され、各地で革新自治体が敗北する。

　ところが21世紀になり、社会運動の再生と前進がはじまります。2003年11月の総選挙で、自民党が選挙公約で改憲を提起し、憲法問題が政局の重要問題になったことに対応し、2004年に作家の大江健三郎、評論家の加藤周一ら9氏の呼びかけで9条改憲反対を一致点とする「九条の会」が発足しました。もう一つは、2008年のリーマンショックを契機に、“派遣村の運動”が起きたことです。2008年の派遣切りの嵐は、職を奪われ、雇

2015年8月30日、安保関連法に反対して国会前を埋め尽くす人びと（12万人参加）／全労連提供

用保険や生活保護が適用されない労働者に路上生活を強いることになります。この事態に市民運動と労働組合の連携で「年越し派遣村」の活動がおこなわれました。活動は連日報道され、社会的関心が高まり、非正規労働者の雇い止めやワーキングプアという社会問題が可視化されます。

　さらに、2011年「3.11」の東日本大震災と福島原発事故を契機として、日本の社会運動はさまざまな領域で前進をはじめました。反原発の運動、沖縄の新基地反対闘争、秘密保護法反対闘争など多様な社会運動が連動しながら大きく前進しました。とくに、反原発の運動の与えた影響はきわめて大きなものでした。官邸前行動に参加した女性が「もう諦めたくない。99％の国民のための社会にしたい。社会を変えるにはまず自分が変わり、行動しないと。その種をまく人になりたい」と語っています。これまで政治や社会的問題に関心をもたず、その外側にいた「普通の市民」達が声をあげはじめ、政治に参加しはじめたのです。

　また沖縄では、米海兵隊の再編強化をねらう新基地建設が強権的やり方ですすめられ、それに抵抗する「オール沖縄」と呼ばれる島ぐるみのたたかいが発展します。こうした反原発の運動や「オール沖縄」のたたかいが推進力になって、2015年には安保関連法反対の歴史的な国民運動が実現しました。

●2015年安保関連法反対闘争の高揚により「市民と野党の共闘」が実現

　その特徴は、第1に、既存のほとんどの護憲勢力を結集した「総がかり行動実行委員会」が結成され（2014年12月）、国民的共同の受け皿として大きな役割をはたしたことです。連合系組合が参加する「戦争をさせない1000人委員会」と、全労連が参加する「憲法共同センター」との共闘が成立しました。

　第2に、この「総がかり行動実行委員会」とSEALDs（自由と民主主義のための学生緊急行動）、若者憲法集会実行委員会、「安保関連法案に反対するママの会」「安保関連法案に反対する学者の会」などの広範な市民運動が合流し、空前の国民的共同が実現しました。

　第3に、この国民的共同が新しい社会運動の質をつくりだしたことです。とくに若者から、"民主主義って何だ？""勝手にきめるな"という問題が提起され、参加者一人ひとりが運動の主役であり、一人ひとりが

運動を支えることが運動の特徴になります。

　この国民的共同の発展のなかから、市民連合が発足し（2015年12月）、2016年の参院選から「市民と野党の共闘」がはじまります。それは、保守・革新の枠組みを超え、革新、リベラル、良心的保守の幅ひろい国民的共同でした。

　こうした歴史的経過をみると、「市民と野党の共闘」の再構築も、これからの大軍拡と生活破壊に抗議する国民的たたかいの高揚のなかで共闘をのぞむ世論がどれだけたかまるかにかかっているといえます。

●「共闘」の力が2020年改憲構想を挫折させた

　2015〜16年にはじまった「市民と野党の共闘」は、たいへん大きな意味をもっていました。それは2017年に提起された「2020年安倍改憲構想」を打ち破ったことに示されています。安倍氏は、東京オリンピックが予定されていた2020年（コロナのために2021年に変更）までに新憲法をつくると語り、安倍構想はやがて自民党の改憲4項目（自衛隊明記、緊急事態条項など）になります。この安倍氏の野望を阻止したのが「市民と野党の共闘」の力でした。2019年の参院選で、「市民と野党の共闘」の力を土台に立憲野党が3分の1以上の議席を確保し、国会発議を阻止したことの意味は実に大きかったのです。

　2020年8月、安倍氏は病気を理由に首相を辞任しますが、その記者会見で、「憲法改正、志半ばで職を去ることは断腸の思いだ」と語り、「国民的な世論が充分にもりあがらなかったのは事実であり、それなしにすすめることはできないとあらためて痛感している」とのべざるを得ませんでした。

●「共闘」再構築のための地域からの努力

　それでは「共闘」を再構築するには、どのような努力がもとめられているのでしょうか。第1に、全国的努力をただ傍観しているのではなく、地域における市民と野党との日常的な交流と信頼関係、そして地域における共同のたたかいの蓄積が重要です。全国的な努力とそれを支える地域からの共同の運動との結合が重要になっています。

　第2に、「共闘」の分断を企む諸勢力＝「維新の会」、連合指導部への

社会的批判が重要です。「維新の会」は、大軍拡や「敵基地攻撃能力」の保有、非核3原則の見直しと核共有、改憲を主張する改憲推進勢力であり、自民党政治の補完勢力です。国民のなかにある不安意識と“改革願望”を利用して、現状をさらに「右」に「改革」することをめざしています。労働組合の連合指導部も、立憲民主党に圧力をかけ、共産党へのデマ攻撃を強め、「市民と野党の共闘」を破壊することに力を集中しています。重要なことは、「維新の会」や連合指導部のこのような分断攻撃への批判を地域から強め、彼らを社会的に孤立させる努力です。

　第3に、「市民と野党の共闘」の推進勢力の政治的影響力、組織的影響力を拡大する努力です。「共闘」を本物にするには、「共闘」を大切にし、発展させるために努力している政党や労働組合、民主的諸勢力、市民団体の影響力を大きくひろげていくことが重要な課題になっています。

2　平和の願いで国民的合意を

●国民意識の矛盾と大軍拡への批判意識の増大

　この間の国民意識の特徴は矛盾した傾向をもっています。一面で、「国葬」問題、統一協会問題、物価上昇問題などでの岸田内閣への批判が深刻になっています。内閣支持率は、2023年1月のNHK世論調査（1月7～9日実施、10日に発表）によると、33％となり過去最低であった2022年11月と同じでした。不支持率は45％です。他面では、この間、岸田内閣がすすめる軍拡や改憲を容認する危うさを抱えています。2022年2月からのロシアのウクライナ侵略や中国の覇権主義的態度・北朝鮮の連続的ミサイル実験などを利用した大軍拡と改憲大キャンペーンが国民に大きな影響を与えています。たとえば、2022年の参院選のあと、7月16～17日におこなわれた『朝日新聞』の世論調査をみると、9条を改正し、自衛隊の存在を明記することに、「賛成」51％、「反対」33％であり、自衛隊が外国のミサイル基地への「反撃能力」をもつことに「賛成」50％、「反対」40％（『朝日新聞』7月19日付）でした。

　こうした矛盾した傾向をもちながら、生活の改善に強い要求をもち、改憲などに慎重な態度を示しています。たとえば、共同通信の世論調査（2022年7月11～12日実施）をみると、改憲を「急ぐ必要はない」

58.4％、「急ぐべきだ」37.5％です。「参院選で何をもっとも重視したか」の問いには、「物価対策・経済政策」42.6％、「年金・医療・介護」12.3％であり、「憲法改正」は5.6％にすぎませんでした。多くの国民は、排外的な軍拡容認の大キャンペーンの影響を受けながら、生活や社会保障への強い要求をもっており、その点での政権への強い不満が支持率下落の背景にあります。

さらに、大軍拡の実態とその財源を増税に頼ることが明らかになるにつれて国民意識の大きな変化が生まれつつあります。2023年1月16日に発表された『読売新聞』の調査によると、軍拡のための増税に「反対」が63％、「賛成」28％であり、これから5年間の「防衛費」総額43兆円増大に「反対」49％、「賛成」43％でした。昨年からの大軍拡容認から反対へと国民意識の大きな変化が生まれはじめています。

世論の動向は、これからも双方（政府・改憲勢力と私たち）のたたかいによって変化していきます。私たちの「対話と学習」の運動の推進がきわめて重要になっています。

● 「構造的暴力」を解決し、「構造的平和」を

こうした国民の動向をふまえると、2つのことが重要です。

1つは、軍拡反対と増税反対・生活擁護を結びつけたたたかいです。真の平和は豊かな生活があって成り立ちます。いま、平和と人権にかんする学問が発展し、平和にかんする考え方が深化しています。たとえば、戦争がなければそれだけで平和といえるか、という問題です。戦争や紛争の原因には、社会の貧困、差別、搾取などの人間的生存を否定する構造的問題があり、これをひろい意味で「構造的暴力」と呼んでいます。だから、紛争を解決し、戦争をなくすには、この「構造的暴力」を解決し、「構造的平和」を実現しなければなりません。人権や生存権を保障し、社会の「構造的暴力」を解決することによって真の平和がもたらされるのです（最上敏樹著『いま平和とは』岩波新書、2006年）。日本国憲法の立場からいえば、憲法第9条と第25条を結びつけ、「平和的生存権」を確立するたたかいといえます。

もう1つは、戦争にたいするリアルな想像力をもつことの努力です。日本国民は戦後派が多数であり、ほとんどの国民が戦争体験をもってい

ません。とくに、若い世代にとって、戦争は、ドラマのなかのことであり、ゲームの対象にすぎないのかもしれません。しかし、国際社会をみると、戦争は過去のことではなく、日常的におこなわれています。地域紛争やテロをめぐる戦争で、非人間的で野蛮な行為が数多く報告されており、女性や子どもたちがその犠牲になっています。この戦争の悲劇に向き合い、戦争の非人間性にかんする想像力をリアルなものにする私たちの運動が重要になっています。

3　アジアの平和のなかで憲法を

● ASEAN と連帯し、戦争を防ぐ外交的努力を

　日本の平和の問題は、アジアのなかで考えることが大切です。アジアには、2005年、中国やロシアをふくめたASEAN（東南アジア諸国連合）を中心とする外交の場である東アジアサミット（EAS）が創設されています。ASEAN10ヵ国に、アメリカ、中国、日本、韓国、ロシア、ニュージーランド、オーストラリア、インドの8ヵ国、合わせて18ヵ国による包摂的な外交の枠組みです。ASEANは、この東アジアサミットを発展させ、この地域を戦争の心配のない平和の共同体にするという大きな構想を推進しようとしています。それがASEAN首脳会議で2019年に採択された「ASEANインド太平洋構想」（AOIP）です。AOIP構想の主な特徴は、特定の国を敵視し、排除するのでなく、関係するすべての国を包摂する「対話と協力の地域」をめざす平和システムにあります。重要なことは、このAOIP構想を米国、中国、EU、日本なども支持していることです。

　いま、日本にもとめられるのは、アメリカにしたがって、戦争の準備をすることではなく、ASEANと連携し、AOIP構想の実現など平和の準備に全力をあげることです。アジアにある軍事同盟は、日米軍事同盟と米韓軍事同盟だけであり、非同盟・中立が主流です。アジアにおける安全保障の主な担い手は、軍事同盟でなく東アジアサミットなどの外交的枠組みです。ヨーロッパでも、冷戦崩壊後にNATO諸国やロシア、ウクライナも参加する包括的な機構である欧州安全保障協力機構（OSCE）が存在していますが、それがやがて脇に置かれ、NATOの「東

ＡＳＥＡＮ・平和構築の主な重層的枠組み

（枠組み）	（加盟国）
○ＡＳＥＡＮ（東南アジア諸国連合）	10ヵ国
○ＴＡＣ（東南アジア友好協力条約）	50ヵ国
○ＡＲＦ（ＡＳＥＡＮ地域フォーラム）	27ヵ国
○東南アジア非核兵器地帯条約	ＡＳＥＡＮ10ヵ国
○ＥＡＳ（東アジアサミット）	18ヵ国

方拡大」政策とロシアの軍事ブロック政策の「力」と「力」の対決になり、その外交上の失敗が、ロシアのウクライナ侵略の背景に存在していました。軍事同盟に基礎を置く、「力」の外交は戦争につながらざるを得ないというのが、冷戦後30年のヨーロッパの教訓です。

　しかし、アジアには、ヨーロッパとちがい、外交による平和実現の大きな可能性があります。アジアでは東アジアサミットなどがすでに存在し、AOIP構想など包摂的な枠組みを発展させ、平和のシステムを構築する運動が大きな流れになりつつあります。米日韓の軍事同盟の強化によって、この流れを妨害するのではなく、逆に、この流れを成功させる外交的努力が日本のすすむべき道といえます。戦争は突然おきるのではありません。それまでの政治的な対立、外交的対立の結果として起きます。軍事的抑止力と軍備増強に熱中するのではなく、戦争を防ぐ外交的努力に知恵を働かすことが重要になっています。

●紛争の「平和的解決」が不可逆的な流れになっている東アジア

　東アジアのこうした平和にむけての可能性は、どうして生まれたのでしょうか。そのことの理解が重要です。ASEANは、ベトナム戦争のさなか、1967年に結成されました。加盟国のなかで、タイ、フィリピンは

反共親米路線をかかげ、ベトナム戦争に協力していました。しかし、ASEANは、アメリカに協力して、アジア人どうしが殺し合う悲劇的体験をするなかで、アメリカいいなりから離脱をはじめます。これを決定的にしたのが、ベトナム戦争でのアメリカの敗北でした（1975年）。このアメリカ敗北を契機に、ASEANは独自の道を本格的に追求し、「平和と協力」を追求する重層的なシステムの構築をめざしていきます。

　第1に、それを象徴しているのが、1976年に締結された東南アジア友好協力条約（TAC）でした。TACは、「紛争の平和的解決、武力による威嚇または行使の放棄」をはじめ、すべての国の主権の尊重、外国からの干渉拒否、相互不干渉を基本原則としています。大国に振り回されるアジアから自立したアジアへの転換を開始します。アメリカ主導の軍事同盟である東南アジア条約機構（SEATO）が解散（1977年）しました。ASEANは、域外の国にもTACに加盟することを働きかけ、域内の平和と域外の平和の結合という画期的な平和戦略を採用します。2003年に中国、インドが参加し、アメリカの顔色を見て躊躇していた日本も2004年にTACに参加します。そのアメリカも2009年に参加し、2012年にはEU（欧州連合）とイギリスが参加しました。

　第2に、地域の安全保障を議論するためのASEAN地域フォーラム（ARF）をつくります（1994年）。このフォーラムには、ASEAN諸国とともに、アメリカ、日本、韓国とともに中国、ロシア、北朝鮮も参加（2000年）しており、安全保障を話し合う東アジアでの唯一の「場」になっています。

　第3に、1995年12月、当時のASEAN加盟7ヵ国とカンボジア、ラオス、ミャンマーのあわせて10ヵ国が東南アジア非核兵器地帯条約に調印しています（1997年に発効）。

　第4に、こうした努力の積み重ねのなかで、2005年にASEAN主導で、先ほどのべた東アジアサミットの第1回会議が開催されたのです。

　このように重層的な枠組みが構築され、この枠組みが、東アジアでは紛争を軍事的にエスカレートさせるのではなく、対話と外交的努力で解決するシステムとなっているのです。国際紛争を、軍事力ではなく「平和的に解決」するという動きは、もはや東アジアにおいては、不可逆的な流れになっています。スウェーデンのウプサラ大学の平和紛争研究学

部の資料によると、1946〜1976年にかけて、世界の戦闘死者数の80%が東アジアに集中していました。ところが、1990〜2011年にかけて、東アジアの割合は3.5%に激減しています。(森原公敏著『戦争と領土拡大』新日本出版社、2022年)

●アジアとの連帯に「過去の克服」が避けられない

アジアとの連帯をすすめるうえで、避けられないのが日本の近現代史における侵略と植民地支配にたいする反省です。日本では第2次世界大戦における日本の戦争と植民地支配が誤りであったという国民的合意が成立していません。とくに自民党の主流や改憲派は、日本の戦争やかつての植民地支配を肯定する立場に立っています。国際社会の常識に逆行する異様な歴史認識といえます。

日本ではどうして過去の侵略戦争と植民地支配にかんする歴史認識の国民的合意が成立していないのでしょうか。

第1に、国家の最高責任者であった昭和天皇の戦争責任が曖昧にされたことです。戦争終結時の国際社会における昭和天皇への戦争責任追及は厳しく、東京裁判の免責はアメリカの高度の政治的判断の結果でした。昭和天皇の精神的権威の政治利用が日本統治に必要という判断です。そのため、国家の最高責任者であった天皇の責任は追及されず曖昧にされます。このことが、戦後日本社会の「過去の克服」が遅れている最大の要因でした。

第2には日本が日米安保体制に組み込まれることによって、日本の戦争責任の議論が抑えられてしまったことです。冷戦のなかで、日米安保体制が成立し(1952年)、日米安保体制を優先する保守政治がおこなわれてきました。1950〜60年代、アメリカは中国敵視政策をとっており、その影響が日本社会に浸透し、日本の侵略の最大の被害国である中国への責任を深めることが希薄になってしまったのです。対米関係というレンズをとおしてアジアをみる傾向が強くなり、日本とアジアの歴史的関係を深める議論が抑えられたのです。

第3には、1990年代に歴史修正主義が登場し、安倍内閣の時代になると、「歴史戦」が政府の「戦略的対外発信の取組」と位置づけられます。「慰安婦」問題、徴用工問題、南京虐殺問題などの歴史的評価が国家の

名誉と誇りにかかわる「戦争」と位置づけられ、歴史を公然と歪曲し、侵略と植民地支配を正当化します。日本帝国主義の侵略や植民地支配を批判すると「反日」とレッテルを張られ、自由な議論が抑えられました。侵略と植民地支配の歴史的事実に正面からむき合うことを避け、戦前の日本帝国主義を“美しい国”として正当化しました。メディアが最大限に利用され、国民に大きな影響を与えています。

　日本の戦争責任と植民地支配への反省を抜きに、アジアとの連帯を深めることはできません。戦争と植民地支配の歴史学習がきわめて大切になっています。

おわりに──1人ひとりが「行動する知性派」をめざして

　いまの歴史的岐路のなかで、日本の平和主義と憲法がなぜ、何のために生まれたかを真剣に考え、行動していくことがもとめられています。大切なことは、戦争の準備を止めさせ、平和の準備を推進することです。そのためにも、政治を変えなければなりません。労働者や市民が主権者として政治に参加し、自由に議論し、学習できる「場」を網の目のように組織することがいまほど大切なときはありません。そのなかで、日本の平和をアジアとの連帯で実現する合意形成がきわめて重要になります。

　大軍拡や生活破壊、9条改憲を許さない国民的共同を発展させるため、職場、地域からの私たちの努力がいまほど大切なときはありません。平和と自由をまもるため、何ができるかを大いに議論し、一人ひとりが「行動する知性派」として行動を開始しましょう。

おわりに

　本書は、岸田政権による大軍拡とそれに伴う深刻な生活破壊、そして9条改憲の戦後最大の危機に反対する運動のための最強のテキストです。労働者教育協会は、憲法とくらしを日米安保体制と結びつけた総学習を提起しています。それは、憲法・くらしの破壊の根源に日米安保体制があるからです。

　日米安保は「米国が日本をまもるためのもの」と素朴に考えている人びとが多いと思われます。しかし、実は日米安保は、「米国の戦争を支えるためのもの」です。政府側もこのごろでは「日米同盟」と開き直っているように、歴史的にも、日本にある米軍基地はアメリカのはじめた戦争の出撃基地になっていました。大軍拡によって、いまさらに自衛隊ともどもその役割を担わせようとしています。ウクライナ危機をきっかけに、国民のなかには「抑止力が必要」「防衛費の増額はしかたない」と考える人も増えています。しかし、軍拡はさらなる軍拡競争を招くだけです。アジアではASEANがあり、それを中心とした東アジア・サミットなどの外交・経済の枠組みのなかで紛争を外交で解決するしくみができています。そこで憲法第9条をもつ日本のはたす役割が大きいのです。

　日米安保はまた、日本の米国への経済的従属とくらしの危機の根幹にありますが、それが生存権や社会保障の後退をもたらしています。同時に、憲法の平和主義はジェンダー平等と固く結びついていること、すべての人びとの人権保障にとって不可欠であり、それを阻んでいるのも日米安保といえるでしょう。そして、労働組合こそが平和運動にとりくむ必要があることも本書で強調しました。

　私たちは、70年以上も改憲を阻止してきました。一人ひとりがしなやかな知性をもって行動し、国民的共同の大運動の先頭にたてば、必ず改憲を阻止できます。運動は対話からはじまります。対話は論争ではありませんが、正確な情報や知識が不可欠です。それをつかむための学習が必要です。本書が対話に、そして学習会をとおしての運動のなかでひろく普及されることを心から願っています。

　2023年5月　　　　　　　　　労働者教育協会副会長　杉井静子